맛있는 다이어트 레시피

맛있는 다이어트 레시피
LIME'S DELICIOUS DIET RECIPE

서민정(라임) 지음

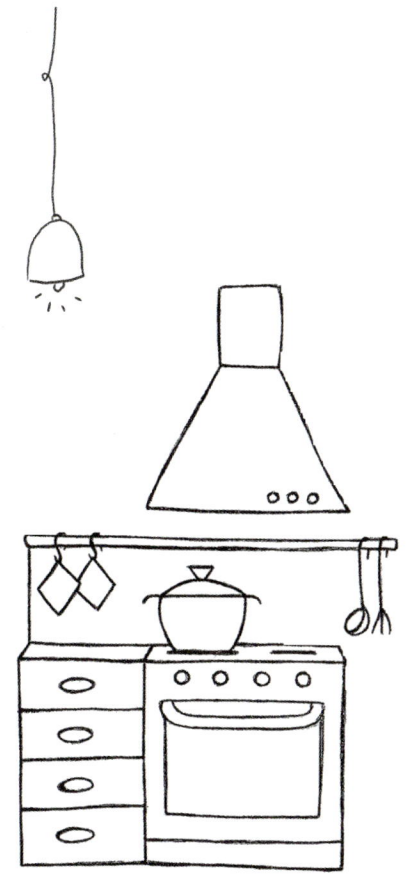

팜파스

여는 글

햇살이 따사로운 봄이 되면 한번쯤 다이어트를 결심하게 되죠. 다가올 여름을 위한 철저한 대비라고나 할까요. 하늘거리는 원피스도 입고 싶고, 시원하게 민소매 티도 입고 싶고……. 여자라면 한번쯤 이런 결심을 하게 되는 것 같아요.

여러분은 그동안 어떤 다이어트를 해보셨나요?
저는 대학 때부터 다이어트에 관심을 가졌는데, 가장 손쉽게 했던 방법이 '무조건 굶기'였어요. 단기간 목표했던 몸무게만큼 쉽게 빠지긴 하더라고요. 그런데 일상으로 돌아오면 요요현상이 생기고 굶기를 반복하면 할수록 오히려 그 전보다 더 쉽게 살이 찌고 잘 빠지지 않는 체질로 변해갔어요. 불필요한 지방은 안 빠지고 근육량이 줄어들면서 체력은 떨어지고, 피부에 탄력과 윤기가 없어지고, 먹는 즐거움을 빼앗겨서 그런지 신경질적이 되더군요. 저에게 있어 '굶기'는 건강과 아름다움을 위한 다이어트가 아니라, 체중 감량이 목표인 다이어트가 돼버렸다는 것을 알게 되었어요. 물론 건강을 먼저 생각하는, 올바른 다이어트 방법을 찾는 분들도 많을 거예요. 하지만 대부분의 사람들은 일단 굶거나 식사량을 줄여서 빠른 시일 내에 원하는 몸무게를 만들고자 하는 것 같아요.

그렇다면 내 몸을 위한 올바른 다이어트 방법은 무엇일까요?
일시적인 다이어트가 아니라 생활이 되는 다이어트 방법을 찾으라고 말씀드리고 싶어요. 일정 기간을 정해놓고 무리하게 실천하는 다이어트가 아니라 일상생활 속에서 자연스럽게 실천할 수 있는 방법이 좋다고 생각해요. 규칙적으로 식사하고 소식하는 것, 생활 속에서 부지런히 움직이고 꾸준히 운동하는 것을 들 수 있어요. 누구나 다 알지만 실천하기 어려운 이 원칙을 자신의 라이프스타일로 만들어가는 것이 가장 현명한 다이어트 방법이 아닐까요? 여기에 한 가지 더, 건강한 다이어트를 도와주는 음식에 대한 정보와 조리법을 알아둔다면, 건강한 식생활은 물론 생활 속 다이어트가 훨씬 즐겁고 쉽게 느껴질 거예요.

이 책에서는 건강한 다이어트를 실천하고자 하는 분들을 위해 몸에 좋은 식재료와 맛있게 즐길 수 있는 다이어트 음식을 소개하려고 해요. 소스나 양념을 최소한으로 사용하여 신선한 재료 본연의 맛을 느낄 수 있는 조리법을 알려드릴 거예요. 영양만점의 아침 메뉴와 샐러드, 건강은 물론 입맛까지 살려주는 한식, 칼로리 걱정 없이 즐기는 지중해 스타일, 다이어트 도시락, 저칼로리 간식과 디저트, 다이어트에 좋은 음료 등으로 나누어 건강식품으로 선정된 식재료를 활용하여 요리해보았어요. 책에 수록한 모든 요리는 영양이 골고루 들어간 다이어트 음식들이며, 특히 초콩과 두유주스, 녹즙, 보이차 등은 개인적으로 상당한 효과를 본 음식이어서 여러분께도 적극 추천해드리고 싶어요.

아름다움만 추구하는 다이어트 시대는 지났어요. 이젠 건강과 아름다움 모두들 위한 다이어트를 실천해야 해요. 먹고 싶은 것을 참는 배고픈 다이어트가 아니라 몸에 이로운 식재료를 선택해 칼로리를 줄이는 똑똑한 조리법으로 맛있는 다이어트를 시작하세요. 저는 이 책에 실린 요리들의 레시피를 하나하나 만들면서 '몸에 좋은 음식이 맛도 좋다'는 걸 새삼 느꼈어요. 신선한 식재료를 골라 재료 본연의 맛을 살린 조리법으로 정성을 들인 음식은 미각뿐 아니라 마음까지 즐겁고 행복하게 만든답니다. 그런 의미에서 이 책이 단순히 다이어트 음식을 모아둔 요리책이 아니라 여러분 자신과 가정에 꼭 필요한 건강한 식습관을 위한 안내서가 되었으면 해요. 무엇보다도 여러분의 맛있는 다이어트 식탁에 조금이나마 도움이 되길 바랍니다.

마지막으로, 저에게 책을 쓸 수 있는 기쁨을 주신 팜파스 여러분에게 감사드립니다. 더불어 지난 반년 동안 레시피를 수차례 쓰고 지워가며 요리하던 저를 격려하고 배려해준 사랑하는 가족과 든든한 버팀목이자 열렬한 나의 지지자, 친구이자 영원한 나의 반쪽인 남편에게 고마운 마음을 전합니다.

봄을 맞이하며
서민정(라임)

Contents

Chapter_01

칼로리는 줄이고 음식은 두 배 더 맛있게!

라임's 푸드 코치

라임's food coach _01
14 다이어트 장보기

라임's food coach _02
22 유럽식 건강 식재료

라임's food coach _03
26 요리에 유용한 조리도구

라임's food coach _04
31 싱그럽고 가벼운 드레싱

라임's food coach _05
35 요리의 기본 육수 만들기

라임's food coach _06
40 요리가 맛있어지는 라임의 food plus$^+$

라임's food coach _07
59 맛있는 다이어트를 위한 영양상식

 Chapter_02

다이어트의 첫걸음, 아침식사 챙기기
영양만점 아침식사 & 예뻐지는 샐러드

66	든든한 영양음료 굿모닝 셰이크
68	진한 고소함 홈메이드 두유
70	일본 만화가의 미네랄 두유 다이어트
72	누구나 좋아하는 단호박수프
74	정성 가득 양파수프
76	콩으로 영양을 더한 야채수프
78	한국식 아침 수프 조랭이떡 미역국
80	건강한 아침을 여는 현미오곡죽
82	오트밀로 만든 홈메이드 웰빙 시리얼
84	바쁜 아침 시간의 해결사 시리얼 과일요거트
86	간단해도 맛은 좋아 토마토 스크램블
88	닭고기 커리소스의 오믈렛
90	폭신폭신 휘핑 오믈렛
92	기분 좋은 상큼함 자몽 프렌치토스트
94	딸기 콤포트를 곁들인 오트밀 팬케이크
96	쫀득쫀득 맛있는 현미영양찰떡
98	날씬해지는 과일 샐러드
100	바쁜 아침엔 프리스타일 샐러드
102	단호박을 곁들인 카프레제 샐러드
104	한 끼 식사로도 든든한 니스식 샐러드
106	따뜻한 쌀국수 샐러드
108	너무나 가벼운 묵 샐러드
110	밥보다 가볍게 주먹밥 샐러드
112	유자 요거트소스의 새우 샐러드
114	내 몸을 위한 연어 샐러드
116	오리엔탈 드레싱의 닭가슴살 샐러드
118	간단하고 든든한 스테이크 샐러드

Chapter _03

내 몸이 행복해지는 소박한 자연밥상
건강은 기본, 입맛까지 살려주는 **코리안 스타일**

- 122 　미인을 위한 버섯들깨탕
- 124 　맛과 영양을 더한 단호박수제비
- 126 　고소함이 입안 가득 순두부탕
- 128 　초간단 콩국수 두유국수
- 130 　삼계탕을 닮은 맛 닭소보로 찹쌀수프
- 132 　시원하고 담백한 쌀국수
- 134 　채소와 함께 익혀 먹는 쇠고기 샤브샤브
- 136 　궁중의 맛 절미된장조치
- 138 　쌈밥에 빠질 수 없는 밥도둑 강된장
- 140 　탕평채를 닮은 김치찌개 태평초
- 142 　톡 쏘는 매력적인 맛 해물겨자채
- 144 　간단한 저수분요리 곤약잡채
- 146 　몸에 좋은 마요리 단호박마전
- 148 　상큼함과 고소함의 조화 쇠고기 찹쌀구이
- 150 　소스가 필요 없는 겉절이 스테이크
- 152 　특별한 한상차림 병어감정과 궁중식 상추쌈
- 154 　밥 한 그릇의 행복 해물톳밥
- 156 　양념장에 비벼 먹는 콩비지밥
- 158 　저칼로리 일본식 곤약무밥
- 160 　포만감을 주는 도토리묵밥
- 162 　채소 듬뿍 묵비빔밥
- 164 　건강한 바다의 맛 해초비빔밥
- 166 　박진영의 비빔밥 다이어트
- 168 　밥 양을 줄인 스테이크 비빔밥
- 170 　마늘칩을 뿌린 모둠 버섯볶음밥

 Chapter _04

스타일리시한 유러피언 웰빙 식탁

칼로리 걱정없이 우아하게 즐기자, 지중해 스타일

174	럭셔리 감자수프
176	프로방스식 토마토 오븐구이
178	마늘빵과 함께 채소 부르스케타
180	속을 채운 가지구이
182	피자처럼 즐기는 아스파라거스 치즈구이
184	지중해식 오픈 샌드위치 해물 타르틴
186	부드럽고 고소한 피시케이크
188	건강하고 고소하게 두유 파스타
190	담백한 토마토 해물 스파게티
192	샐러드 느낌의 여름 파스타
194	산뜻한 봄을 닮은 조개관자 파스타
196	그릇까지 먹는 파프리카 밥구이
198	빛깔 고운 쌀요리 단호박리조또
200	돌돌 말아 먹는 샐러드 피자
202	이탈리아의 상징 마르게리타 피자
204	향긋한 망고살사의 은대구구이
206	매콤달콤한 간장소스의 닭 오븐구이
208	퍽퍽한 닭가슴살도 맛있게 닭가슴살 그라탕
210	집에서 만드는 레스토랑 요리 안심 스테이크

 Chapter _05

직장에서도 다이어트는 계속되어야 한다

매력적인 맛과 칼로리의 하모니, 맞춤 도시락

214 아삭아삭 양상추가 신선한 매운 캐롤라이나롤
216 고기보다 맛있는 사찰식 두부김밥
218 좋아하는 해물로 만든 충무김밥
220 한 입 가득 웰빙 모둠쌈밥
222 몸을 깨끗하게 해주는 사찰음식 연근밥
224 반찬이 필요 없는 찌라시스시 도시락
226 먹을수록 중독되는 맛 우메보시 주먹밥
228 한국식 재료를 넣어 만든 두부김치 월남쌈
230 볼륨 있는 라인을 위해 몸짱 샐러드 도시락
232 카프리 스타일 프레시 모차렐라 샌드위치
234 매력적인 매콤함 케이준쉬림프 새싹 샌드위치
236 크랜베리로 상큼함을 더한 닭안심 샌드위치
238 저칼로리 웰빙 두부버거

Chapter_06

포기할 수 없다면 좀 더 가볍게

달콤한 저칼로리 간식 & 디저트

242 　건강한 간식 모둠 견과강정
244 　씹을수록 고소한 콩비지쿠키
246 　씹는 소리도 맛있는 견과4 비스킷
248 　간단한 재료로 손쉽게 만드는 달걀빵
250 　크림처럼 부드러운 수플레 치즈케이크
252 　솜사탕처럼 가벼운 녹차 쉬폰케이크
254 　달콤한 과일소스를 곁들인 연두부
256 　달콤한 시나몬 향 단호박찜
258 　아이들 건강 간식 고구마 버터구이
260 　떡볶이처럼 맛있는 묵말랭이볶이
262 　오븐에 구워 더 맛있는 군고구마
264 　은은한 커피 향 푸딩카페
266 　여름철 인기 간식 우유팥빙수
268 　재료의 맛 그대로 채소칩
269 　새콤달콤 발사믹 스트로베리
270 　향긋한 복숭아 셔벗
271 　상큼하고 시원한 요거트 아이스크림

라임's food coach _special

272 　빼놓을 수 없는 다이어트 음료 14가지

　　　녹차 · 우롱차 · 보이차 · 생강홍차 · 귤껍질차 · 율무차
　　　팥차 · 배차 · 레몬 디톡스 음료 · 녹즙 · 말차라테
　　　자몽주스 · 당근사과주스 · 토마토주스

Chapter 01

칼로리는 줄이고 음식은 두 배 더 맛있게!
라임's 푸드 코치

| 건강한 식재료로 시작하는 다이어트 생활 | 다이어트를 한다고 호언장담했건만, 맛있는 음식을 앞에 두고 무작정 굶는다는 건 정말 괴로운 일이지요. 운동하기는 너무너무 귀찮고, 소도 아닌데 매일 풀만 먹을 수도 없는 노릇. 맛있는 음식을 먹으면서 살을 빼는 방법은 없을까요?

우선, 하루 세끼 규칙적인 식사습관이 필요해요. 식사를 거르게 되면 그 다음 끼니에 더 많이 먹게 되고, 필요한 영양소를 저장하게 된답니다. 둘째, 다양한 식품을 골고루 섭취하는 것이 좋아요. 채소와 과일이 다이어트에 효과적이라지만 편중된 식사는 오히려 건강을 해칠 수 있어요. 셋째, 조리법을 바꿔 섭취 열량을 줄여보세요. 볶음, 튀김보다는 찜이나 구이, 조림, 데침 등의 조리법이 좋아요. 무엇보다도 재료 그대로의 맛을 살려내는 요리가 가장 좋다는 사실, 잊지 마세요.

다이어트 장보기

육류, 생선 등 단백질 식품
영양적인 균형을 생각하지 않고 단순히 칼로리만 줄이는 다이어트를 하면 체중은 쉽게 빠지지만 근육량도 같이 줄어들어 기초대사량이 떨어지게 되고, 조금만 먹어도 쉽게 살이 찌는 요요현상이 나타나게 된다. 건강하고 날씬한 몸매를 유지하려면 매끼 적당량의 단백질과 다양한 영양소를 고르게 섭취하는 게 중요하다. 고기는 안심·채끝 등 지방이 적은 부위로 고르고, 고등어·삼치·연어 등 등푸른 생선을 꼭 챙기도록 한다.

닭가슴살
다른 육류에 비해 단백질 함량은 높고 칼로리와 지방이 낮아서 다이어트 식단을 위한 양질의 단백질 공급원이 된다. 끓는 물에 청주를 약간 넣고 삶아서 밀폐용기에 담아놓으면 샐러드, 무침 등의 간단한 다이어트 요리에 손쉽게 넣어 쓸 수 있어 편하다. 퍽퍽한 가슴살 대신 부드러운 안심 부위를 활용해도 좋다.

두부
두부는 단백질, 비타민, 미네랄 등 영양이 풍부하고 사포닌과 레시틴 성분은 체지방을 감소시키는 효과가 있어 건강하게 살을 뺄 수 있는 훌륭한 다이어트 식품 중 하나이다. 또한 칼로리는 낮고 적게 먹어도 포만감을 주어 식사량을 줄일 수 있다. 양파, 단호박 등 다른 채소와 함께 구워서 간장 양념을 곁들이거나 샐러드를 만들면 간단한 한 끼 식사로도 손색이 없다. 단호박, 흑임자 등 다양한 맛의 생식용 두부는 과일 채소즙과 함께 갈아 마셔도 좋고, 가벼운 드레싱이나 소스, 요거트를 곁들여 먹어도 맛있다.

Delicious Diet Recipe

유제품과 치즈
칼슘과 단백질이 풍부한 유제품과 치즈는 다이어트에 부족하기 쉬운 영양소도 채워주고, 조금만 먹어도 포만감이 느껴져 배고픔을 덜어준다. 식후 디저트나 간식으로 저지방 우유, 저열량 요거트, 가공하지 않은 자연 치즈를 준비해보자.

나물, 샐러드용 녹색 채소
녹색 채소는 비타민, 무기질, 섬유소가 풍부하여 노화를 방지하고 몸속 노폐물이나 지방의 배출을 돕는 훌륭한 다이어트 식재료. 한식으로 차린 식단에는 나물, 생채, 채소쌈을, 간단한 아침식사나 유럽식 식단에는 샐러드를 빼먹지 말고 올려보자. 특히 어린잎 채소, 새싹 채소는 영양이 풍부하고 손질이 간편해서 샐러드나 각종 요리에 다양하게 활용할 수 있다.

식이섬유가 풍부한 식품
고구마, 단호박, 버섯, 양배추 등은 칼로리는 낮고 식이섬유가 풍부해서 건강과 다이어트를 위해 반드시 챙겨 먹어야 할 식품이다. 군고구마, 단호박찜, 버섯볶음, 쪄서 익힌 양배추쌈 등 간단하고 손쉬운 조리법으로 자주 식탁에 올려보자.

고추와 파프리카
고추의 캡사이신 성분은 지방의 분해를 돕고, 파프리카는 섬유소가 풍부해 포만감을 주면서도 열량은 낮아 다이어트에 도움이 된다. 고추는 전, 찌개, 잡채 등으로, 파프리카는 주스, 샐러드, 볶음요리 등에 활용하면 좋다.

묵
묵은 100g당 열량이 40~50kcal 정도밖에 안 되는 알칼리성 저칼로리 식품이다. 몸속 유해물질과 중금속을 배출해주고 지방 흡수를 억제하여 다이어트에 좋다. 묵밥, 탕평채, 무침, 샐러드 등 다양한 요리에 넣어 칼로리를 줄여보자.

곤약국수(실곤약)
100g당 생면 270kcal, 곤약국수 15kcal 정도다. 따라서 생면만 100g 먹는 것보다 곤약국수와 반씩 섞어 먹으면 맛의 차이는 거의 못 느끼면서 칼로리를 확실하게 낮출 수 있다. 각종 면 요리나 잡채 등의 반찬에 활용해보자. 곤약국수 특유의 냄새는 끓는 물에 살짝 데친 후 찬물에 헹궈서 사용하면 없앨 수 있다.

제철 과일
과일은 비타민과 섬유소가 풍부해서 피로 회복, 스트레스 해소, 변비 예방 등에 효과적이다. 과일마다 건강에 이로운 여러 가지 효능이 있으니 제철에 나는 신선한 과일을 다양하게 챙겨 먹자. 단, 과일도 많이 먹으면 살이 찌니 양은 적절히 조절해야 한다.

견과류
견과류에 풍부하게 함유된 불포화지방산은 심혈관 질환에 좋고, 지방과 섬유소는 포만감을 주어 다이어트에 도움이 된다. 하루 섭취량으로는 소금, 설탕이 가미되지 않은 것으로 호두 1~2알, 땅콩 20알, 아몬드 20알 정도가 적당하다.

다이어트 음료

지방을 태워주는 자몽주스나 몸속의 독소와 노폐물을 제거해주는 디톡스 효과가 있는 레몬으로 만든 음료 한 잔은 지친 오후의 피로를 풀어주는 데 매우 효과적이다. 탄산수와 얼음을 첨가하면 시원한 여름철 음료로도 즐길 수 있다. 평소 마시는 물에 레몬 슬라이스 한 쪽을 띄워 마시면 향도 좋을 뿐 아니라 다이어트에도 도움이 된다. 군것질 대신 녹차, 홍차 등의 차를 즐겨 마시는 습관도 날씬해지는 비결이다.

든든한 식사 대용 음료

바빠서 식사할 여유가 없을 때나 다이어트 중일 때라도 끼니를 거르지 않고 꼭 챙겨 먹어야 폭식증을 막을 수 있다. 두유에 채소, 과일즙을 섞어 마시거나 우유에 생식용 두부와 견과류를 넣어 갈아 마시면 맛도 좋고 포만감을 주어 간단한 식사 대용식으로 좋다.

식초

현미식초, 감식초, 와인식초, 발사믹식초, 흑초, 홍초 등 식초의 종류도 다양하다. 다이어트와 건강을 위해 매일 챙겨 먹는 샐러드를 질리지 않고 맛있게 먹으려면 샐러드에 곁들이는 토핑 재료와 드레싱에 변화를 주자. 다양한 맛의 식초를 활용해서 드레싱을 만들면 맛있는 샐러드를 손쉽게 즐길 수 있다.

오일
올리브유, 포도씨유, 카놀라유는 불포화지방산과 토코페롤이 풍부하게 들어 있어 성인병 예방과 노화 방지에 도움을 주는 고급 식용유다. 샐러드 드레싱을 만들 때는 처음 압착하여 짜낸 엑스트라 버진 올리브유를 주로 쓰는데, 향이 싫다면 포도씨유나 카놀라유를 쓰는 것도 괜찮다. 포도씨유와 카놀라유는 발연점이 높아 볶음, 튀김 등의 용도로 사용할 수 있다.

올리고당
올리고당은 장내 비피더스균의 증식을 도와 장 건강에 좋으며, 칼로리가 낮은 다이어트 감미료다. 조림, 볶음 등 각종 요리와 음료, 디저트 등에 물엿이나 시럽, 설탕 대신 활용할 수 있다.

초콩
초콩은 체질 개선은 물론 각종 성인병과 탈모 방지, 다이어트, 피부 미용, 갱년기 장애 등에 효과적이며 여성에게 특히 좋다.

Ready
약콩(서목태) 1/2컵, 현미식초 1+1/2컵

Cooking
1 약콩은 깨끗하게 씻은 후 물기를 완전히 닦아낸다.
2 프라이팬에 약콩을 담고 약불에서 건조시키듯이 5분 정도 볶는다.
3 소독한 유리용기에 약콩을 담고 약콩 3배의 현미식초를 부어 냉장고에 1주일간 넣어두면 콩이 식초를 흡수하여 2배 정도로 부푼다.
4 식초를 따라내고 초콩만 밀폐용기에 담아 냉장고에 넣어두고 하루 2회 식사 때 10~12알씩 먹는다. 서리태나 백태로 만든 초콩은 5알씩 먹는다.

Delicious Diet Recipe

가벼운 요리에 안성맞춤인 채소들

로메인 레터스
아삭아삭한 식감에 씹을수록 단맛이 돌아 샐러드 채소로 많이 쓰인다. 시저 샐러드의 주재료이고 샌드위치, 겉절이, 쌈 채소로 다양하게 활용할 수 있다.

양상추
샐러드에 주로 쓰이는 채소이며 가벼운 전채요리, 샌드위치, 햄버거의 속 재료로 다양하게 활용된다. 동그랗고 색이 진할수록 좋고, 찬물에 담가놓으면 아삭아삭한 맛을 살릴 수 있다.

베이비 채소
청경채, 비타민, 로메인 등 잎채소의 크기가 5~10cm 정도일 때 수확하는 어린 잎 채소이다. 부드러워 식감이 좋고 영양이 풍부하며, 손질하기가 간편해서 샐러드 채소로 인기가 높다. 샐러드, 샌드위치, 비빔밥, 비빔면 등에 다양하게 활용할 수 있다.

새싹 채소
발아한 지 일주일 정도 되어 본잎이 나오기 전의 새싹으로, 다 자란 채소보다 비타민, 무기질 등이 3~4배 이상 많이 함유되어 있다. 메밀 싹, 알팔파 싹, 브로콜리 싹 등 종류가 다양하며 비빔밥, 샐러드, 샌드위치 등의 요리에 활용할 수 있다.

치커리
쌉쌀한 맛이 특징으로 샐러드나 쌈 채소, 무침 등을 해서 먹는다. 소화를 돕고 콜레스테롤을 낮추는 효과가 있어 고기 요리에 곁들이면 좋다.

적근대
표면이 매끄럽고 붉은색 줄기가 예뻐 샐러드에 색감을 살려준다. 쌈 채소나 샐러드용으로 쓰이고, 살짝 데쳐서 무치거나 조려서 먹는다. 지방 축적을 막아 다이어트에 도움이 되며 피부 미용에도 좋다.

치콘
쓴맛이 나며 비타민과 미네랄이 풍부하게 들어 있고, 다이어트에 좋은 채소이다. 단맛이 나는 로메인, 쌈케일 등과 함께 먹으면 쌉싸래한 맛이 입맛을 한층 돋워준다.

상추
대표적인 쌈 채소로 청상추와 적상추를 즐겨 먹는다. 샐러드, 겉절이, 비빔국수 등에 활용할 수 있고, 색이 진할수록 영양이 풍부하다. 진정과 최면 효과가 있어 스트레스, 우울증, 불면증 등에 도움이 된다.

쑥갓
독특한 향과 맛이 있어 입맛을 살려준다. 찌개, 전골에 넣어 산뜻한 향을 더하거나 상추와 함께 쌈을 싸 먹으면 맛이 잘 어울린다. 나물, 무침, 샐러드 등 활용도가 높은 채소이다.

쌈추
양배추와 배추를 교배한 신품종으로, 달짝지근하면서도 쌉쌀한 맛이 난다. 샐러드, 쌈, 겉절이, 국거리 등 다양하게 활용할 수 있다.

가벼운 요리에 안성맞춤인 채소들

케일
달짝지근하면서도 쌉쌀한 끝맛이 나며 녹즙 재료로 많이 쓰이고 어린잎은 쌈 채소로 즐긴다. 몸속의 유독물질을 배출해주고, 콜레스테롤과 혈압을 낮추는 등 건강에 좋은 채소이다. 주로 샐러드, 쌈으로 먹으며 데치거나 볶아 먹어도 맛있다.

근대
잎이 보드랍고 매끄러워 살짝 데쳐서 쌈밥용 채소로 활용하면 좋다. 국이나 나물을 해서 먹기도 한다.

양배추
생으로 채 썰어 샐러드를 만들거나 익혀서 쌈으로 먹으면 맛있다. 국, 조림, 볶음요리나 김치, 피클로도 활용된다. 겉잎이 윤기가 나고 속이 꽉 차 단단하고 무거운 것이 좋다. 쓰고 남은 것은 가운데 심을 제거하고 젖은 키친타월을 끼워 막은 다음 지퍼백에 담아 냉장 보관한다.

다시마
피를 맑게 하고 콜레스테롤을 낮추며 변비에도 효과가 좋은 다시마는 초고추장, 쌈장, 새우젓 등을 곁들여 쌈으로 먹으면 맛있다. 염장한 생다시마를 여러 번 씻고 찬물에 20분 정도 담가 소금기를 빼서 쓴다. 주먹밥이나 채소말이, 조림, 볶음, 탕 등의 요리에 활용한다.

라임's food coach _02
유럽식 건강 식재료

다진 토마토
주로 토마토소스를 만들 때 사용하는 토마토 가공품이다. 이탈리아에서 생산되는 길쭉한 토마토를 껍질만 벗겨서 통째로 담아놓은 홀토마토나 잘게 다져놓은 것(Polpa Pomodori)을 구입해서 토마토소스나 토마토케첩 등을 만들면 편하다. 빨갛게 잘 익은 완숙 토마토를 껍질을 벗기고 씨를 제거한 뒤 다져서 사용해도 된다.

말린 토마토 절임
말린 토마토를 올리브유에 담가놓은 것으로, '선드라이드 토마토'라고 불린다. 잘게 썰어서 샐러드, 샌드위치, 파스타, 피자, 빵 등에 넣어 감칠맛을 더해주고 다른 재료와 함께 갈아서 소스나 스프레드를 만들면 맛이 좋다.

페페론치노
1cm 정도 크기의 이탈리아 건고추로, 2~3개만 사용해도 충분히 매운맛을 낼 수 있다. 알리오 올리오, 상하이 파스타, 홍합찜, 커리 등 다양한 요리에 넣어 매콤한 맛을 더한다.

브리치즈
겉은 하얗고 부드러운 막으로 덮여 있으며, 속은 부드러운 크림 상태인 프랑스 브리 지방 치즈. 맛과 향이 고소하고 부드러워 샐러드, 전채요리, 샌드위치, 와인 안주 등으로 많이 활용한다. 카망베르치즈와 맛과 모양이 비슷하다.

Delicious Diet Recipe

에담치즈
네덜란드의 작은 항구 도시 에담의 이름을 딴 치즈로, 탄력 있고 맛과 향이 부드러워 무난하게 먹을 수 있다. 얇게 잘라 샌드위치에 넣거나 바게트에 햄과 함께 끼워 먹기도 한다. 고다치즈와 비슷하다.

에멘탈치즈
만화영화 〈톰과 제리〉에 등장하는 구멍이 송송 나 있는 스위스 치즈로, 그뤼에르치즈와 함께 퐁듀 요리의 재료로 쓰인다. 슬라이스 제품을 구입하면 샌드위치에 넣어 먹기 편하다. 샐러드, 그라탕 등 다양한 요리에 사용된다.

프레시 모차렐라치즈
둥근 모양으로 물속에 담겨 있고, 담백하고 고소한 맛에 식빵결처럼 찢어지는 특징이 있다. 물소젖(버팔로)으로 만든 것이 우유로 만든 것보다 맛이 진하고 가격도 비싸다. 카프레제 샐러드와 마르게리타 피자의 재료로 쓰인다.

파마산치즈
피자나 파스타 위에 뿌리는 가루 치즈로 잘 알려진 이탈리아 파르마 지방의 치즈이며, 정확한 이름은 파르미자노 레자노(Parmigiano Reggiano)이다. 가루로 된 제품보다 덩어리로 된 치즈를 구입하여 먹기 직전에 갈거나 감자 칼로 얇게 슬라이스해서 요리에 뿌리면 더욱 진하고 짭조름한 특유의 맛을 즐길 수 있다. 파마산치즈 대신 가격이 약간 싼 '그라나 파다노(Grana Padano)'를 사용하기도 한다.

바질

피자, 파스타, 샐러드 등 이탈리아 요리에 빠질 수 없는 재료로, 달고 산뜻한 향이 나는 허브이다. 페스토소스, 카프레제 샐러드, 마르게리타 피자의 주재료이며 토마토소스, 샐러드 드레싱 등 각종 요리에 넣어 풍미를 더한다. 오일에 바질을 담가 향긋한 바질 오일을 만들어두면 요긴하게 쓰인다.

오레가노

향긋하면서 상큼한 향을 지니고 있으며 토마토와 잘 어울려 피자, 스파게티 등 토마토가 들어간 요리에 빠지지 않는다. 고기나 해산물, 소시지 등에 넣어 냄새를 잡아주고 지중해 요리, 멕시코 요리 등에 폭넓게 사용된다.

처빌

은은하고 섬세한 향이 나며, 파슬리와 비슷하게 생겨서 '미식가의 파슬리'라 불린다. 주로 샐러드나 해산물 요리, 프랑스 요리에 사용하며 요리의 마지막 단계에 뿌려 향을 더하거나 장식용으로 쓴다.

민트

상쾌한 향이 나고 청량감을 주는 허브로 페퍼민트, 스피아민트, 애플민트 등 종류가 다양하다. 양고기 요리에 소스로 쓰이며 디저트, 음료, 케이크 등에 넣거나 장식용으로 사용한다.

Delicious Diet Recipe

치아바타

겉은 바삭하며 안은 촉촉하고 부드러운 이탈리아 빵이다. 담백하고 쫄깃해서 샌드위치 빵으로 좋고, 구워서 샐러드에 곁들여도 맛있다.

캄파뉴

'시골빵'이라 불리는 프랑스 빵이다. 겉은 꼭 우리의 누룽지처럼 고소하고 바삭하며 속은 부드럽다. 얇게 잘라서 샌드위치를 만들거나 구워서 수프나 샐러드에 곁들여 먹는다.

호밀빵

호밀빵, 통밀빵 같은 유럽식 빵은 버터, 설탕 등을 첨가하지 않고 호밀, 통밀, 잡곡, 견과류가 들어간 건강빵이다. 씹을수록 구수한 맛이 느껴지며, 당지수가 낮고 비타민, 섬유질이 풍부해서 다이어트에도 도움이 된다.

라임's food coach _03
요리에 유용한 조리도구

계량스푼
드레싱, 소스, 양념 등을 만들 때 재료를 정확하게 계량하기 위해 사용한다. 15ml(1큰술), 5ml(1작은술)가 일체형으로 되어 있거나 15ml, 10ml, 5ml, 2.5ml 가 세트로 구성되어 있다.

계량컵
소스, 양념, 국물 요리에 들어가는 액체의 양을 잴 때 사용한다. 1, 3/4, 1/2, 1/4 이 눈금으로 표시되어 있고 1컵, 1/2컵, 1/3컵, 1/4컵이 세트로 되어 있는 것도 있다.

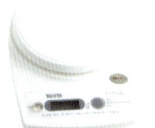

저울
재료의 무게를 잴 때 사용한다. 1g 단위의 소량을 잴 때는 수동저울보다 전자저울이 편리하다.

필러
감자, 고구마, 당근, 마 등의 채소 껍질을 벗기는 데 사용한다. 오이, 당근 등을 얇게 슬라이스하여 초밥에 띠처럼 둘러주거나 초콜릿, 파마산치즈를 얇게 깎아서 케이크, 샐러드 위에 뿌리는 등 다양하게 쓰인다.

채칼
당근, 오이 등의 채소를 얇게 슬라이스하거나 채 썰 때 사용한다. 많은 양의 재료를 균일하게 썰 때 편리하다.

Delicious Diet Recipe

묵칼
묵을 썰 때 사용한다. 묵에 모양을 내어 썰기 때문에 젓가락으로 집었을 때 미끄러지지 않는다. 쿠키나 양갱 등의 간식을 만들 때 사용하여 모양을 내기도 한다.

빵칼
케이크를 자를 때, 바게트 같은 딱딱한 빵이나 식빵을 자를 때 주로 사용한다. 샌드위치를 깔끔하게 자를 때, 강정처럼 딱딱한 것을 자를 때 톱질하듯 썰면 잘 썰어진다.

실리콘 주걱
재료를 섞거나 그릇에 묻어 있는 재료를 깔끔하게 긁어낼 때 사용한다. 실리콘 재질은 내열성이 강해 안전하게 사용할 수 있다.

거품기
생크림, 달걀 등을 부드럽게 거품을 낼 때 사용한다. 드레싱이나 소스, 밀가루 반죽 등을 고루 섞을 때도 유용하다.

거품 국자
찌개나 국을 끓일 때 떠오르는 거품을 제거하고, 곰국을 차게 식혀 위에 뜬 굳은 기름을 제거하는 데 사용한다.

포테이토 매셔
감자, 고구마, 단호박을 익힌 후 부드럽게 으깰 때 사용한다. 따뜻할 때 으깨야 덩어리지지 않고 잘 으깨진다.

아이스크림 스쿱
아이스크림을 뜰 때 사용한다. 주먹밥을 동그랗게 떠서 모양내어 담을 때나 쿠키 반죽을 떠서 오븐 팬에 올려 구울 때 사용하면 편리하다.

요리용 솔
고기 위에 소스를 바르거나 바게트 위에 마늘버터 등을 발라 오븐에 구울 때 사용한다. 빵 위에 달걀, 우유 등을 발라 색이 나게 구울 때, 케이크 위에 시럽을 발라 윤기를 더해줄 때도 사용한다.

레몬 제스터와 그레이터
레몬, 오렌지의 껍질을 얇게 깎거나 갈 때, 파마산치즈를 곱게 갈 때 사용한다. 소스나 드레싱, 케이크나 쿠키에 레몬, 오렌지 껍질을 얇게 깎거나 갈아서 넣으면 진하고 향긋한 향을 낼 수 있다.

치즈 그레이터
파마산치즈 같은 경성 치즈를 갈 때 사용한다. 잣, 땅콩 등의 견과류나 삶은 달걀을 곱게 가루낼 때도 사용한다.

스퀴저
오렌지, 레몬, 자몽 등의 즙을 짜는 데 사용한다. 오렌지, 레몬이 들어가는 드레싱이나 주스를 만들 때 유용하다.

페퍼밀
통후추, 굵은 소금 등을 갈아 쓸 때 사용한다. 통후추는 필요할 때 조금씩 갈아 써야 향이 좋다.

Delicious Diet Recipe

오일 스프레이
오일을 담아 뿌릴 때 사용한다. 달걀 프라이를 할 때나 고기나 채소를 구울 때 스프레이 통에 오일을 담아 뿌리면 적은 양의 오일이 프라이팬에 고루 뿌려져서 좋다.

샐러드 스피너
쌈 채소나 샐러드용 채소를 담아 씻은 후 통을 돌려 물기를 제거하는 도구다. 방울토마토, 딸기 등의 과일이나 시금치, 콩나물 등의 나물용 채소를 씻을 때도 편리하게 사용할 수 있다.

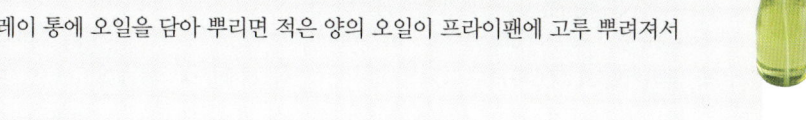

절구와 공이
가정용 절구는 돌이나 자기로 만들어진 것이 많다. 마늘이나 생강을 찧거나 구운 통깨를 빻을 때도 좋고, 허브가 들어간 소스나 양념을 만들 때, 인도 커리 재료인 향신료를 넣어 빻을 때도 요긴하게 쓰인다.

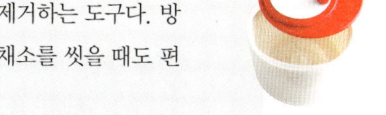

믹서기
주스나 두유 등의 음료를 만들 때, 죽이나 수프의 재료를 곱게 갈 때 사용한다. 거름망이 있는 믹서를 사용하면 씨나 껍질을 제거해줘서 편리하다.

푸드 프로세서
재료를 갈고 다지는 조리도구다. 양파, 당근 등을 잘게 다질 때, 고기를 잘게 다지거나 갈 때, 빵이나 쿠키 반죽을 할 때 등 다용도로 쓰인다.

계량법

책에 나오는 레시피는 계량스푼과 계량컵을 사용했다.
1큰술은 15g, 1작은술은 5g, 1컵은 200ml, 1/2컵은 100ml, 1/3컵은 67ml가 기본이지만 재료에 따라 조금씩 차이가 있다. 만약 계량스푼과 계량컵이 없다면 계량스푼으로 1큰술은 밥숟가락 1+1/2 정도(밥숟가락으로 약간 소복한 정도)로, 1작은술은 밥숟가락의 1/3로 계량하고, 계량컵 대신 종이컵을 사용해도 된다.

1큰술 가루를 계량할 때는 내용물을 담은 후 윗면을 평평하게 깎아주고, 액체를 계량할 때는 수면이 봉긋하게 올라올 정도로 담는다.

1/2큰술 가루를 계량할 때는 스푼을 기울여 1/2이 되게 계량하고, 액체를 계량할 때는 스푼 높이의 2/3가 되는 지점까지 담는다.

1작은술 1큰술의 1/3이 되는 양이다.

1컵 편평한 곳에 놓고 눈금과 수평이 되는 지점까지 계량한다. 액체의 경우 200ml이지만 밀가루는 105~110g, 설탕은 165~170g으로 내용물에 따라 차이가 있다.

1/2컵 계량컵의 1/2이 되는 눈금까지 내용물을 채워 계량한다.

1/3컵 계량컵의 1/3이 되는 눈금까지 내용물을 채워 계량한다.

Delicious Diet Recipe

라임's food coach _04

싱그럽고 가벼운 드레싱

베이직 드레싱

올리브유 5큰술, 레드와인식초 2큰술, 소금 2/3작은술, 후추 약간

1 모든 재료를 병에 담고 잘 섞이도록 흔들어 사용한다.
2 샐러드 한 접시에 드레싱 1~2큰술 정도를 뿌리면 적당하다.
3 모든 샐러드에 기본적으로 쓰이는 드레싱이다.
4 베이직 드레싱에 다진 양파, 다진 마늘, 머스터드 등을 넣어 맛을 더하거나 다진 바질, 파슬리 등으로 향을 더할 수 있다.
5 올리브유 대신 포도씨유, 허브오일 등을, 레드와인식초 대신 레몬즙, 발사믹식초 등 다른 식초를 사용하여 맛의 변화를 준다.

레몬 드레싱

올리브유 5큰술, 레몬즙 2큰술, 꿀 1작은술, 소금 2/3작은술, 후추, 다진 양파 1큰술, 다진 마늘 1작은술

1 모든 재료를 병에 담아 냉장 보관했다가 샐러드에 뿌리기 전에 잘 섞이도록 흔들어 사용한다.
2 올리브유 대신 향이 없는 포도씨유를 써도 된다.
3 적양파를 사용하면 색이 예쁘다.
4 레몬, 다진 양파, 다진 마늘이 들어간 드레싱은 향과 맛이 변하므로 2~3일 내에 쓰는 것이 좋다.
5 모든 샐러드에 사용이 가능하고 연어 등의 생선, 해물을 곁들인 샐러드에 특히 잘 어울린다.

허브 드레싱

올리브유 5큰술, 레드와인식초 2큰술, 다진 바질 1+1/2큰술, 다진 양파 1큰술, 소금 2/3작은술, 후추 약간

1 모든 재료를 병에 담아 냉장 보관했다가 샐러드에 뿌리기 전에 잘 섞이도록 흔들어 사용한다.
2 바질 대신 다진 파슬리, 딜, 타임 등의 허브를 써도 된다.
3 바질과 다진 양파가 들어간 드레싱이므로 향과 맛을 위해서는 2~3일 내에 쓰는 것이 좋다.
4 토마토, 모차렐라치즈가 들어간 샐러드에 잘 어울리고, 고기나 해물이 들어간 샐러드에도 어울린다.

오리엔탈 드레싱

포도씨유 4큰술, 식초 3큰술, 간장 1큰술, 설탕 1+1/2큰술, 다진 마늘 1큰술, 참기름 1큰술, 통깨 1큰술, 소금·후추 약간씩

1 모든 재료를 병에 담아 냉장 보관했다가 샐러드에 뿌리기 전에 잘 섞이도록 흔들어 사용한다.
2 포도씨유 대신 올리브유를 써도 된다.
3 일주일 정도 냉장 보관이 가능하다.
4 모든 샐러드에 어울리지만, 특히 동양적이고 한국적인 재료의 샐러드에 잘 어울린다.

일식 드레싱

사과 1/4개, 당근 1/8개, 양파 1/8개, 식초 1큰술, 설탕 1/2큰술, 레몬즙 1/2개, 청주 1큰술, 맛술(미림) 1큰술, 간장 1/2큰술, 포도씨유 1작은술, 참기름 1/2작은술, 생강즙·후추 약간씩

1 사과, 양파, 당근을 강판에 갈아서 나머지 재료와 섞는다.
2 바로 만들어 쓰는 것이 좋고, 2~3일 정도 냉장 보관이 가능하다.
3 사과, 당근 대신 키위, 딸기 등 다른 과일을 넣어도 되며, 들어가는 과일의 신맛, 단맛에 따라 식초, 설탕의 양을 조절해서 다양하게 응용할 수 있다.
4 건더기가 있는 드레싱이어서 다른 재료 없이 양상추, 어린잎 채소 등의 그린 샐러드만 준비해서 뿌려 먹어도 맛있다.
5 과일맛이 나는 새콤달콤한 드레싱이므로 이 드레싱을 뿌린 샐러드를 고기 요리에 곁들이면 잘 어울린다.

Delicious Diet Recipe

토마토 살사

토마토 1/2개, 파프리카 1큰술, 양파 1큰술, 바질이나 파슬리 1작은술, 올리브유 2큰술, 레몬즙 1큰술, 꿀(또는 설탕) 1작은술, 소금, 후추

1 토마토는 껍질을 벗기고 씨를 발라낸 후 잘게 다진다. 파프리카, 양파, 바질도 잘게 다지고 나머지 재료와 섞어 소스를 완성한다.
2 미리 만들어 냉장고에 넣어두었다가 사용하면 좋다.
3 망고, 파인애플 등의 과일을 첨가하면 달콤함과 상큼함을 더할 수 있다.
4 샐러드에 드레싱으로 뿌리거나 고기, 해산물 요리에 소스처럼 활용할 수 있다.

키위소스

골드키위 1개, 레몬즙 1+1/2큰술, 메이플시럽 1큰술, 설탕 1/2큰술, 올리브유 1큰술, 다진 양파 1큰술, 소금, 후추

1 키위, 레몬즙, 메이플시럽, 설탕, 올리브유를 믹서기에 넣고 간 후 다진 양파, 소금, 후추를 넣어 섞는다.
2 필요할 때 조금씩 만들어 쓴다.
3 올리브유 대신 포도씨유를 쓸 수 있고, 키위 대신 망고, 파인애플 등 상큼한 과일로 대체해 응용할 수 있다.
4 그린 샐러드, 과일 샐러드와 고기, 해산물이 들어간 샐러드에 잘 어울린다.

요거트소스

플레인요거트 3큰술, 꿀 1/2작은술, 레몬즙 1작은술, 소금, 후추

1 떠 먹는 플레인요거트에 나머지 재료를 넣어 잘 섞는다.
2 필요할 때 조금씩 만들어 쓴다.
3 레몬즙 대신 과일식초, 발사믹식초, 흑초 등을 넣어 만들어도 된다.
4 샐러드에 산뜻한 맛을 더할 때 좋고, 과일이나 치즈가 들어간 샐러드에 잘 어울린다.

연두부소스

연두부 100g, 볶은 참깨 1+1/2큰술, 간장 1작은술, 설탕 2작은술, 맛술(미림) 2작은술, 물 1큰술

1 모든 재료를 믹서기에 넣고 간다.
2 필요할 때 조금씩 만들어 쓴다.
3 두부는 연두부나 생식용 두부를 사용한다.
4 닭고기, 두부, 콩, 과일, 치즈, 견과류 등이 들어간 샐러드에 잘 어울린다.

잣소스

잣 3큰술, 식초 1큰술, 물 1큰술, 겨자 1/2작은술, 꿀 1작은술, 유자청 1작은술, 다진 마늘 1/2작은술, 소금, 후추

1 잣은 치즈 그레이터로 곱게 갈고 마늘도 곱게 다지거나 강판, 절구에 넣어 곱게 간다. 모든 재료를 섞어 소스를 만든다.
2 필요할 때 조금씩 만들어 쓴다.
3 물, 유자청 대신 파인애플즙을 써도 된다.
4 닭고기, 해산물이 들어간 샐러드에 잘 어울린다.

Delicious Diet Recipe

라임's food coach _05
요리의 기본 육수 만들기

Ready
멸치 10g, 다시마 10×10cm 1장, 무 150g, 양파 1/2개, 파 1/2대, 마늘 3쪽, 통후추 15알, 물 8컵, 청주 2큰술

멸치는 대가리와 내장을 제거하고 다시마는 젖은 행주로 표면을 닦아 준비한다.

Cooking
1 재료를 냄비에 담고 한소끔 끓으면 중불로 줄여 15분 정도 우린다.
2 그대로 식힌 후 체에 걸러 맑은 육수만 받아낸다.
3 밀폐용기에 담아 냉장 보관하거나 냉동 보관한다. 냉장 보관하면 4~5일 정도 쓸 수 있다.

멸치다시마 육수

황태다시마 육수
멸치다시마 육수 재료에 황태 대가리 1개, 표고버섯 기둥 3~5개 정도를 더해 15~20분 정도 끓여 육수를 내면 시원한 황태다시마 육수가 된다. 이외에도 조개, 디포리, 말린 새우, 말린 홍합 등 다양한 재료를 첨가하면 육수의 맛에 변화를 줄 수 있다.

쇠고기 육수

Ready
쇠고기(양지머리) 300g, 물 8컵, 마늘 3쪽, 대파 1/2대, 생강 1톨, 통후추 1/2작은술, 청주 2큰술

양지머리는 찬물에 1시간 이상 담가 핏물을 뺀다.

Cooking
1 재료를 냄비에 넣고 끓으면 중불로 줄여 거품을 걷어가며 1시간 정도 뚜껑을 열고 끓인다. 고기를 찔러보아 잘 들어가고 그 틈으로 맑은 육즙이 새어나오면 불을 끈다. 끓이는 시간은 고기의 두께에 따라 조절한다.
2 고기는 건져서 썰거나 찢어 양념하여 쓰고, 육수는 식힌 뒤 굳은 기름을 걷어내고 체에 걸러 맑은 국물만 사용한다. 2~3일 내에 쓰고, 남은 것은 냉동 보관한다.

Delicious Diet Recipe

양배추 편육겨자채

쇠고기 육수를 만들고 남은 고기로 만들어 보세요~

Ready (2인분)
삶은 쇠고기 양지머리 100g, 양배추 150g, 오이 1/4개, 미나리 5줄기, 배 1/4개, 사과 1/4개, 달걀 지단 1개, 잣 1큰술, 겨자소스 | 만드는 방법은 40페이지 |

쇠고기 육수를 우려내고 남은 고기와 양배추, 사과, 배 등의 채소, 과일을 준비한다. 이외에도 살짝 데쳐서 아삭한 맛을 살린 숙주나 죽순, 당근, 단감, 밤 등의 재료를 넣어 만들어도 맛있다.

Cooking

1 겨자소스를 만든다.
2 양배추는 채 썬 후 찬물에 담근다.
   양배추를 채 썰어 헹군 다음 찬물에 잠시 담가뒀다 쓰면 양배추 특유의 냄새도 빠지고 아삭한 맛을 살릴 수 있다.
3 고기, 배, 사과, 오이, 달걀 지단을 비슷한 크기로 채 썰어 볼에 담는다.
4 채 썬 재료 위에 물기를 완전히 제거한 양배추, 미나리, 잣을 담고 소스를 넣어 버무린다.
5 겨자채를 그릇에 담고 잣가루를 뿌려낸다.

닭 육수

 Ready

닭뼈 1kg, 물 2리터, 당근 1/2개, 양파 1/4개, 파 1대, 셀러리 1대, 마늘 2쪽, 통후추 15개, 월계수잎 2장, 파슬리 줄기, 타임 등 허브

살을 발라낸 닭뼈를 잘 씻은 다음 찬물에 담가 핏물을 뺀다. 당근, 양파 등의 향신채소와 파슬리, 타임 등의 허브를 준비한다.

 Cooking

1 닭뼈를 끓는 물에 넣고 잠시 끓여 불순물이 떠오르면 뼈는 건져서 찬물에 씻고 물은 버린다. 씻은 닭뼈와 향신채소, 허브를 냄비에 담고 물 2리터를 부어 끓으면 떠오르는 불순물을 제거하고 약불에서 1시간 정도 끓여 육수를 우려낸다.

닭뼈를 애벌로 데쳐주는 과정을 거치면 맑고 깨끗한 육수를 만들 수 있다.

2 체에 걸러 맑은 육수를 받아내고 2~3일 내에 사용하거나 1회분씩 나눠 냉동 보관한다.

Delicious Diet Recipe

라임's 푸드 코치 _39

가쓰오부시 육수

Ready
물 5컵, 다시마 10g, 가쓰오부시 20g

다시마는 젖은 행주로 닦아준다.

 Cooking
1 냄비에 물과 다시마를 넣어 불에 올린다.
2 끓기 직전까지 데운 후 가쓰오부시를 넣고 불을 끈다. 10~15분간 그대로 두어 우린 후 체에 거른다. 4~5일간 냉장 보관이 가능하고 남은 것은 냉동 보관하여 쓴다.

Lime's Tip

가쓰오부시

말리고 훈연하는 과정을 반복해 단단해진 가다랑어를 얇게 깎은 것으로, 일본 음식의 기본 육수를 만드는 재료다. 오코노미야키, 타코야키 위에 뿌려 먹기도 한다. 공기와 접촉하면 누렇게 변하고 향미가 떨어지므로 밀폐용기에 담아 냉동 보관하는 것이 좋다.

라임's food coach _06
요리가 맛있어지는 라임의 food plus⁺

겨자장

톡 쏘는 맛이 매력적이며 익힌 해산물이나 편육을 넣어 만든 겨자채, 해파리냉채, 구절판 등의 소스, 샐러드의 드레싱 등으로 다양하게 활용할 수 있어요.

 Ready
갠 겨자 1큰술(겨자가루 1큰술, 미지근한 물 1/2큰술), 물 1큰술, 식초 2큰술, 설탕 1큰술, 꿀 1작은술, 간장 1/2작은술, 다진 마늘 1작은술, 잣가루나 깨소금 1작은술, 소금 1/2작은술

 Cooking
1 겨자가루를 미지근한 물에 갠다.
2 뜨거운 냄비 뚜껑 위에 엎어 매운맛이 나오도록 15~20분 정도 발효시킨다.
3 따뜻한 물을 부어 잠시 불렸다가 그 물을 버리고 물 1큰술을 넣어 겨자가 덩어리지지 않게 잘 풀어준다.
   불린 겨자에 액체 재료를 1큰술 정도 먼저 넣고 겨자가 덩어리지지 않게 잘 풀어준 후 나머지 재료를 넣어 섞으면 만들기가 편하다.
4 나머지 양념을 넣어 겨자장을 만든다.

Delicious Diet Recipe

양념간장

 Ready
간장 3큰술, 고춧가루 1/2큰술, 다진 파 2큰술, 다진 마늘 1/2큰술, 깨소금 1큰술, 참기름 1큰술

 Cooking
1 재료를 섞어 양념장을 만든다. 취향에 따라 고춧가루는 생략해도 되고, 설탕을 1/2~1작은술 정도 넣어 단맛을 더해도 좋다.
2 씨를 빼고 잘게 다진 고추, 다진 오이, 송송 썬 부추, 달래, 쪽파, 실파 등을 넣어 다양한 양념 간장을 만들 수 있다.
3 영양밥, 비빔밥 등에 곁들여 낸다.

초고추장

 Ready
고추장 6큰술, 식초 3큰술, 매실청 1큰술, 올리고당 2큰술, 설탕 1큰술, 마늘즙 1/2큰술, 생강즙 1/2작은술, 깨소금 1큰술

 Cooking
1 재료를 잘 섞어 초고추장을 만든다. 마늘과 생강은 곱게 갈아 쓰거나 즙을 짜서 넣어준다.
2 매실청 대신 배즙, 사과즙, 사이다, 오렌지주스를 첨가해도 된다.

약고추장

 비빔밥의 비빔장으로 곁들여 내면 한층 고급스럽고 맛있는 비빔밥을 만들 수 있어요. 반찬이 없을 땐 그냥 맨밥에 비벼 먹어도 정말 맛있답니다. 고기를 넉넉히 넣고 만들어서 반찬처럼 먹어도 되고, 쌈밥에 쌈장으로 써도 좋아요.

Ready
다진 쇠고기 100g, 고추장 1컵, 배즙 1/2컵, 꿀 1큰술, 잣 1큰술, 통깨 1/2큰술, 참기름 2작은술

쇠고기 밑간
간장 1큰술, 설탕 1/2큰술, 다진 파 1큰술, 다진 마늘 1/2큰술, 참기름 1작은술, 소금, 후추

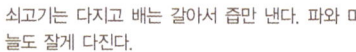

쇠고기는 다지고 배는 갈아서 즙만 낸다. 파와 마늘도 잘게 다진다.

 Cooking
1 다진 쇠고기는 밑간 양념을 넣어 조물조물 버무린 후 달군 팬에 볶는다.
2 고추장을 넣어 섞어가며 잠시 볶는다.
3 배즙을 넣어 섞은 후 걸쭉해질 때까지 조린다.
4 꿀, 잣, 통깨, 참기름을 넣고 섞어서 마무리한다.

Delicious Diet Recipe

마늘쌈장

 마늘을 듬뿍 넣고 볶아서 맛을 낸 쌈장은 고소하고 진한 맛이 더해져서 채소를 맛있게 싸 먹을 수 있어요. 데쳐서 지방을 쏙 뺀 살코기를 찍어 먹어도 좋고, 달콤하게 찐 양배추쌈이나 몸에 좋은 다시마쌈에 곁들여도 잘 어울려요.

Ready
다진 마늘 6쪽, 다진 파 2큰술, 다진 양파 2큰술, 참기름 1작은술, 된장 3큰술, 고춧가루 1큰술, 육수 2큰술, 꿀 1작은술, 올리고당 1작은술, 구운 호두와 잣 1큰술, 깨소금 1/2작은술

Cooking
1 뚝배기에 참기름을 넣고 잘게 다진 마늘, 파, 양파를 넣어 약불에서 고소한 향이 나게 충분히 볶는다.
2 된장, 고춧가루를 넣어 볶다가 육수를 넣어 농도를 조절한다.
3 꿀, 올리고당을 넣고 다진 호두, 잣, 깨소금을 넣어 섞는다.

1  2  3

생강술

Ready
청주 1컵, 생강 40g

Cooking
1 소독한 유리병에 청주와 편 썰기한 생강을 담아 생강 향이 우러나면 요리에 넣어 활용한다. 냉장 보관한다.
2 생강 향이 우러난 청주는 각종 고기 요리에 넣어 누린내를 잡는 데 사용한다. 특히 닭고기, 돼지고기 요리에 잘 어울린다.

 바지락을 넣은 콩나물국은 간의 해독 작용과 숙취 해소에 좋으며, 지방과 노폐물의 배출을 도와줘요. 또 칼로리가 매우 낮아서 칼로리나 지방이 많은 음식에 곁들이면 깔끔하게 잘 어울려요.

 Ready
바지락 200g, 콩나물 300g, 물 5컵, 청주 1큰술, 송송 썬 대파 1큰술, 다진 마늘 1쪽, 소금, 후추

바지락은 해감을 빼낸 후 바락바락 문질러 씻어 껍질에 붙은 이물질을 없앤다. 콩나물은 씻은 후 물기를 제거한다. 대파는 송송 썰고, 마늘은 잘게 다진다.

바지락 콩나물국

 Cooking
1 냄비에 물을 넣고 끓으면 바지락과 청주 1큰술을 넣어 입을 벌릴 때까지 끓인다.
2 콩나물(300g)을 넣어 한소끔 끓여 익힌 후 콩나물 200g 정도만 건져내 나물양념하여 반찬으로 먹는다.
3 송송 썬 대파, 다진 마늘을 넣어 한 번 더 끓으면 소금, 후추로 간하여 마무리한다.

국간장이나 새우젓으로 간을 맞춰도 좋다.

Lime's Tip

콩나물무침

건져낸 콩나물(200g)에 다진 마늘 1쪽, 깨소금 1/2작은술, 참기름 1/2작은술, 소금, 후추를 넣어 조물조물 무친다.

Delicious Diet Recipe

라임's 푸드 코치 _45

두부전

Ready
두부 1모, 달걀 1개, 쪽파 3줄기, 소금, 후추

Cooking
1 두부는 물기를 닦아내고 두께 0.8cm, 길이 4cm로 썬다. 소금, 후추를 뿌려 밑간을 하고 밀가루를 체에 담아 쳐서 두부 위에 솔솔 뿌린다.
2 달걀을 소금으로 밑간을 하여 풀어주고 송송 썬 쪽파를 넣어 섞는다. 두부를 넣어 달걀옷을 입힌다.
3 오일을 두른 팬에서 노릇하게 구워낸다.

1

2

3

구운 두부나 고기 요리에 곁들이면 좋은 양파 장아찌
장아찌용 작은 양파 10개, 마늘 5알, 청양고추 2개, 절임액(간장 1컵, 식초 3/4컵, 설탕 3/4컵, 청주 1/3컵)을 준비한다. 양파는 4등분하여 마늘, 청양고추와 함께 소독한 유리병에 담는다. 절임액을 끓여서 뜨거운 상태로 붓고, 4~5일 후 다시 끓여 붓기를 1~2회 반복한 후 냉장 보관한다.

장똑똑이

 궁중음식 중 쌈밥 상차림에 올랐던 밑반찬이에요. 쇠고기를 채 썰어 간장 양념에 짭조름하게 조린 것으로, 쌈밥뿐 아니라 각종 밥 요리나 면 요리에 고명이나 소로 활용도가 높아요.

Ready
쇠고기 200g(밑간: 간장 1큰술, 참기름 1작은술, 후추 약간)

조림장
간장 1큰술, 설탕 1/2큰술, 물 2큰술, 다진 파 1큰술, 다진 마늘 1작은술, 생강 약간

쇠고기는 채 썰고 파, 마늘, 생강은 잘게 다진다.

Cooking
1 쇠고기에 밑간 양념을 넣어 조물조물 무친다.
2 팬에 간장, 설탕, 물을 넣어 끓이다가 쇠고기를 넣어 조린다.
3 양념이 어느 정도 졸아들면 다진 파, 마늘, 생강을 넣어 마저 조린다.
4 불을 끄고 깨소금과 참기름 몇 방울을 떨어뜨려 섞어준다.

1 2 3 4

새송이버섯조림

 새송이버섯을 달짝지근하게 조린 것으로, 겉은 쫀득하게 씹히면서 속은 촉촉하고 부드럽게 익혀져야 제대로 만든 거예요. 간단하면서도 고기 반찬 못지않게 맛있답니다.

 Ready
새송이버섯 4개, 포도씨유 1큰술

조림장
멸치다시마 육수 |만드는 방법은 35페이지| 1+1/2컵, 간장 2큰술, 설탕 1/2큰술, 올리고당 1/2큰술, 미림 1큰술, 마늘 2쪽

새송이버섯은 흐르는 물에 씻어준 후 밑둥을 제거한다. 마늘은 칼로 눌러 살짝 으깨거나 편 썬다. 조림장 재료를 잘 섞어둔다.

 Cooking
1 새송이버섯은 먹기 좋은 크기로 잘라 8~12등분한다.
2 팬을 달군 후 포도씨유를 두르고 버섯을 넣어 볶는다. 버섯이 볶아지면서 고소한 향이 나고 촉촉해지기 시작하면 소금, 후추를 아주 조금 뿌려 밑간을 한다.
3 조림장을 부어 끓인다. 한소끔 끓으면 중불 이하로 줄여 간이 배어들고 조림장이 반으로 줄도록 15분 정도 더 조린다.
4 밀폐용기에 버섯을 담고 버섯이 자작하게 잠길 정도로 조림장을 부어 냉장 보관한다.

 기름과 물엿이 듬뿍 들어간 멸치볶음은 맛은 좋지만 칼로리가 무척 높아요. 멸치를 깨끗하게 씻어서 잡티와 먼지를 제거하고 팬에 마르게 볶은 후 약간의 양념만으로 맛을 낸 깔끔한 멸치볶음은 반찬으로도, 주먹밥의 재료로도 아주 잘 어울려요.

Ready

볶음용 잔멸치 100g, 청양고추 2개, 마늘 1쪽, 포도씨유 2작은술, 설탕 1작은술, 올리고당 2작은술, 깨소금 1작은술, 참기름 1작은술

볶음용 멸치는 체에 밭쳐 씻은 후 물기를 완전히 제거한다. 청양고추는 씨를 제거하여 잘게 다지거나 채 썬다. 마늘은 잘게 다진다.

Cooking

1 넓은 프라이팬에 오일을 두르지 않은 채로 중불에서 서서히 달군 후 물기를 뺀 멸치를 넣고 약불로 줄여 물기를 날리면서 볶아준다. 팬에 넓게 펼쳐서 천천히 볶고, 물기 없이 보송하고 약간 노릇하면서 바삭한 느낌이 들 때까지 볶아준다.
2 포도씨유를 넣어 멸치에 코팅되게 볶다가 청양고추, 마늘을 넣어 향이 나게 볶는다.
3 설탕, 올리고당을 넣어 섞은 후 깨소금, 참기름을 뿌려 마무리한다.

Lime's Tip

꽈리고추를 넣어 같이 볶아도 매콤하니 맛있고, 잘게 다진 호두를 넣어 영양을 더해도 좋다. 꽈리고추나 호두는 멸치가 어느 정도 볶아져 수분이 없어진 다음에 넣어 볶는다.

Delicious Diet Recipe

마른새우볶음

 Ready
말린 새우 50g, 오일 1작은술, 쪽파나 실부추 1작은술, 통깨 1작은술

볶음 양념
고추장 1작은술, 간장 2작은술, 설탕 1작은술, 올리고당 1작은술, 물 2큰술, 참기름 1/2작은술, 통깨 1작은술

새우는 체에 밭쳐 씻은 후 물기를 닦아내고, 꼬리 쪽의 뾰족한 부분을 제거한다. 양념 재료를 섞고, 쪽파나 실부추는 잘게 송송 썬다.

 Cooking
1 프라이팬을 달군 후 새우를 넣어 물기를 제거하면서 마르게 볶다가 바삭해지면 오일을 뿌려 볶는다.
2 바삭한 새우에 양념을 부어 볶아서 양념이 골고루 스며들게 한다. 쪽파나 실부추, 통깨를 뿌려 마무리한다.

마늘견과조림

Ready
마늘 100g, 연근 100g, 모듬 견과 100g, 청양고추 1개

조림장
간장 3큰술, 설탕 1큰술, 올리고당 1/2큰술, 청주 1큰술, 소금, 후추

Cooking
1 연근은 껍질을 벗긴 후 길이로 4등분해서 0.5cm 두께로 썬다. 깐 마늘, 연근, 견과를 깨끗이 씻은 후 냄비에 담고 충분한 양의 물을 부어 5분 정도 끓여서 데친다. 칼로 마늘과 연근을 찔러보아서 부드럽게 들어가면 된다. 체에 밭쳐서 찬물에 씻은 후 물기를 뺀다.
2 프라이팬에 기름을 약간 두르고 물기를 뺀 재료를 넣어 노릇해지게 볶는다. 중간에 씨를 빼고 송송 썬 청양고추를 넣어 같이 볶는다.
3 조림장 재료를 잘 섞은 후 부어주고 간이 잘 배어들게 조린다.

토마토 손질하기

토마토소스를 만들거나 토마토가 들어간 살사, 수프, 스튜 등을 만들 때는 토마토의 껍질을 벗기고 씨를 제거한 후 잘게 다져서 사용해요. 토마토주스를 만들 때도 껍질과 씨를 제거한 후 즙을 내거나 갈아주면 깔끔한 주스를 만들 수 있어요.

Cooking
1 토마토에 열 십자로 칼집을 준 후 끓는 물에 넣고 5~10초 정도 지나 껍질이 일어나면 꺼내어 찬물에 담가 식힌 후 건져서 껍질을 벗긴다.
2 껍질을 벗긴 토마토를 4등분하고, 가운데의 씨를 발라낸 후 살만 정육면체 모양으로 잘게 다진다.

Delicious Diet Recipe

토마토소스

 바질 향이 은은하게 나는 달콤한 토마토소스는 피자, 파스타, 스테이크 소스 등으로 다양하게 활용할 수 있어요. 노릇하게 구운 토스트에 곁들여 샐러드와 함께 먹어도 맛있답니다.

Ready
올리브유 1/2큰술, 다진 마늘 1쪽, 다진 양파 1/2개, 홀토마토 1캔(400g), 말린 오레가노 1/2작은술, 레드와인식초 1작은술, 바질·소금·후추 약간씩

마늘과 양파는 잘게 다진다. 토마토는 캔으로 된 홀토마토나 토마토 살만 다져진 제품을 사용한다. 잘 익은 토마토의 껍질을 벗기고 씨를 제거해서 동일한 양만큼 다져서 사용해도 된다.

Cooking
1 올리브유를 두른 팬에 다진 마늘, 양파를 넣어 약불에서 향이 나게 충분히 볶는다.
2 홀토마토는 씨와 즙을 제거하고 믹서기에 갈거나 잘게 다져서 넣고, 다져진 토마토는 그대로 넣는다. 오레가노를 조금 넣어 약불에서 20분 이상 조린다.
3 사용하는 용도에 맞춰서 적당한 농도로 조린다.
  피자소스로 쓸 경우에는 물기가 거의 없게 조리고, 파스타용으로 쓸 때는 약간 촉촉한 정도로 조리는 게 좋다.
4 레드와인식초, 채 썬 바질, 소금, 후추를 넣고 섞어서 마무리한다.

홈메이드 토마토케첩

 토마토케첩을 직접 만들면 진하면서도 싱그러운 토마토의 맛을 제대로 느낄 수 있어요. 샌드위치, 햄버거, 샐러드에 소스로 쓸 수 있고 구운 채소, 웨지 감자에 곁들여 찍어 먹으면 정말 맛있어요.

Ready
토마토 3개, 포도씨유 1작은술, 양파 1/4개, 마늘 1/2쪽, 토마토 페이스트 2큰술, 전분 1/2작은술, 식초 2큰술, 물엿 1큰술, 간장 1/2작은술, 소금 1/4작은술

피클링 스파이스 달인 물
물 3/4컵, 피클링 스파이스 2/3큰술, 월계수잎 2장

토마토는 껍질과 씨를 제거하고 살만 잘게 다진다. 양파와 마늘도 잘게 다진다. 냄비에 물, 피클링 스파이스, 월계수잎을 담고 물이 2큰술 정도 남게 5분 정도 달인 후 체에 걸러 물만 받아둔다.

Cooking
1. 냄비에 포도씨유를 두르고 다진 마늘, 양파를 넣어 달콤한 맛이 우러나게 충분히 볶는다.
2. 토마토와 토마토 페이스트, 피클링 스파이스 달인 물 2큰술을 넣어 조린다.
   - 토마토페이스트를 넣으면 토마토의 맛과 색이 더 진해진다. 없으면 생략해도 된다.
3. 걸쭉한 농도가 되게 조려지면 믹서기로 곱게 간다.
4. 전분, 식초, 물엿, 간장, 소금을 섞어서 넣어준 후 잠시 더 조린다.
5. 원하는 농도가 되도록 조린 후 소독한 유리병에 담아 냉장 보관한다. 1~2주 정도 냉장 보관이 가능하다.

Lime's Tip

 **토마토 페이스트**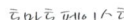
토마토를 오랜 시간 동안 조려 농축해놓은 캔 제품으로, 토마토가 들어가는 요리에 넣어 농도와 색을 조절한다. 한꺼번에 사용할 수 없으므로 1큰술씩 랩에 싸서 냉동 보관했다가 꺼내 쓴다.

 **피클링 스파이스 달인 물**
토마토케첩 특유의 향을 낼 때 사용한다. 피클링 스파이스가 없을 때는 통후추, 계피, 정향, 월계수잎 약간씩을 넣어 우려내면 된다.

허브오일

Ready
올리브유 1+1/2컵, 바질·로즈마리·타임 등 허브 2~3줄기, 통후추 15알

Cooking
1. 허브는 씻은 후 물기를 깨끗이 닦아 건조시킨다.
2. 소독한 유리병에 허브를 담고 올리브유를 붓는다. 오일에 매콤함을 더하고 싶을 때는 마른 고추와 마늘을 약간씩 준비해 함께 넣어준다. 뚜껑을 닫아 실온에서 1~2주간 두어 향이 우러나면 오일만 걸러 쓴다.
3. 각종 샐러드의 드레싱, 소스, 고기나 생선구이, 파스타, 빵 등에 허브 향을 더해줄 때 사용한다.
4. 2개월 정도 사용이 가능하다.

발사믹 리덕션

발사믹식초를 달콤하게 조린 소스로, 각종 요리의 마지막에 뿌려 맛을 더하고 장식 효과도 준답니다. 올리브유와 섞어 구운 빵을 찍어 먹을 수 있도록 곁들여 내거나 샐러드, 구운 채소, 스테이크, 샌드위치, 피자 등의 요리에 뿌려서 풍미를 더해주세요.

Ready
발사믹식초 3컵, 설탕 3큰술, 꿀 1큰술

Cooking
1. 발사믹식초, 설탕을 냄비에 담고 약불에서 조린다.
2. 양이 1/3 정도로 줄고 농도가 걸쭉해지면 꿀을 넣어 섞은 후 불을 끈다.
3. 소독한 유리병에 담아 냉장고에 보관한다.

페스토소스

 페스토소스는 바질, 잣, 파마산치즈 등을 함께 갈아서 만든 것으로, 바질 향이 가득한 이탈리아 소스예요. 파스타에 잘 어울리고 고기요리, 생선요리, 샐러드, 빵에 바르는 스프레드까지 다양하게 활용할 수 있어요.

Ready

마늘 2쪽, 구운 잣 15g, 바질 30g, 파마산치즈 25g, 엑스트라 버진 올리브유 100ml, 소금·후추·레몬즙 약간씩

바질은 잎만 따서 깨끗이 씻는다. 잣은 마른 팬에 고소하게 구워서 사용한다. 레몬즙과 후추는 생략해도 된다.

 ### Cooking

1 마늘, 구운 잣, 바질, 파마산치즈를 절구에 넣어 찧은 후 올리브유를 넣어 섞고 소금으로 간한다. 또는 모든 재료를 믹서기에 넣어 약간 입자가 있게 갈아준다. 레몬즙 몇 방울과 후추를 넣어 섞는다.

마늘, 잣, 바질, 파마산치즈, 오일 등 재료의 양을 입맛 또는 용도에 맞춰서 약간씩 조절하여 만들 수 있다.

2 소독한 유리병에 담아 냉장 보관한다. 3~4일 정도 두고 쓸 수 있다.

라임's 푸드 코치 _55

코티지치즈

 지방 함량이 낮아서 저칼로리 다이어트 치즈라 불리며, 숙성시키지 않은 프레시 치즈예요. 운동과 식이요법으로 지방과 칼로리를 제한하는 경우에 중요한 단백질 공급원이 되죠. 샐러드, 샌드위치, 라비올리, 피자, 치즈케이크, 디저트 등에 치즈나 크림치즈 대신 활용하면 저칼로리 다이어트식을 만들 수 있어요.

Ready
우유 1리터, 레몬즙 3큰술, 소금 1/2작은술

레몬을 반 갈라 즙을 낸다. 치즈에 맛이나 향을 더하고 싶을 때는 허브나 견과류, 말린 과일, 구운 베이컨이나 채소 등을 다져서 준비해도 좋다.

Cooking

1 모든 재료를 냄비에 넣어 1~2회 휘저은 후 불 위에 올린다.
2 최대한 약불로 조절해서 30~40분 정도 데우면 천천히 멍울이 생기면서 덩어리지기 시작한다. 물이 우윳빛이 아닌 맑은 육수 빛깔이 되면 다 된 것이다.
3 면보를 깐 체에 밭쳐 내린다.
4 면보로 단단하게 감싼 후 밀폐용기에 담아 냉장고에서 6시간 이상 물기를 뺀다.
5 완성된 치즈는 밀폐용기에 담아 냉장고에서 일주일 정도 보관이 가능하다.

1

2

3
4

5

Lime's Tip

치즈를 만들고 내린 물을 '유청(whey)'이라고 하는데, 지방은 거의 없고 단백질 등 많은 영양분이 들어 있어서 그냥 마셔도 좋고, 케이크나 빵을 만들 때 물이나 우유 대신 활용해도 좋다.
코티지치즈에 부드러움을 더하기 위해 생크림이나 크림치즈를 첨가하기도 한다. 우유 1리터, 생크림 500ml로 위와 같은 과정을 거쳐 치즈를 만들면 좀 더 크리미하고 고소한 리코타치즈를 만들 수 있다.

크루통

 크루통은 샐러드나 수프 위에 얹어 먹는 작은 빵 조각을 말해요. 먹다 남은 마른 빵이나 샌드위치를 만들고 남은 빵 가장자리로 만들면 경제적이죠. 빵 한 쪽 대신 크루통 몇 개만 얹어도 빵을 곁들여 먹는 기분이 들어서 섭취하는 칼로리를 줄일 수 있어요.

Ready
빵 1쪽, 올리브유 1작은술, 파슬리 1/2작은술, 소금 약간

1cm 두께로 슬라이스한 빵을 준비한다. 쓰고 남은 빵 가장자리를 활용해도 된다. 올리브유에 마늘 한 쪽을 슬라이스해서 담가 놓았다 사용하면 마늘 향이 우러나서 좋다. 올리브유 대신 버터를 사용해도 된다.

Cooking
1 빵은 1cm 크기의 주사위 모양으로 썬다. 올리브유를 넣어 고루 묻도록 살살 버무린다.
2 프라이팬에서 굽는다. 모든 면이 골고루 바삭하고 노릇하게 구워지도록 한다. 파슬리와 소금을 약간 뿌려 섞어서 마무리한다.

만드는 크루통의 양이 많을 때는 오븐 팬에 평평하게 담고 180도 오븐에서 10분 정도 노릇한 색이 나게 굽는다.

1

2

Delicious Diet Recipe

라임's 푸드 코치 _57

피자 도우

Ready
밀가루 150g, 인스턴트 드라이 이스트 1.5g, 설탕 1.5g, 소금 1.5g, 미지근한 물 1/2컵, 올리브유 1/2큰술

 Cooking

1 볼에 물을 담아 전자레인지에서 20초 정도 돌려 체온 정도로 미지근하게 데운 후 이스트를 넣어 풀어놓는다.
  빵을 만드는 이스트에는 생이스트, 드라이 이스트, 인스턴트 드라이 이스트가 있다. 생이스트는 미지근한 물에 개어서 쓰고, 드라이 이스트는 미지근한 물에 풀어서 부풀어오를 때까지 15분 정도 예비 발효 과정을 거쳐서 쓴다. 인스턴트 드라이 이스트는 가루 재료와 함께 섞어서 바로 반죽하면 된다.

2 밀가루를 체에 내려서 볼에 담고 가운데를 움푹 들어가게 판 후 설탕, 소금, 이스트 갠 물을 부어 포크로 섞어가며 한 덩어리가 되게 한다.
  포크로 미리 섞은 후 손으로 반죽하면 손에 반죽이 묻지 않아서 좋다.

3 날가루가 없이 덩어리로 뭉쳐지면 올리브유를 넣어 치대며 반죽한다.

4 10~15분 정도 동글리고 손바닥으로 누르면서 충분히 치대듯이 반죽하여 매끄럽고 탄력이 있는 상태가 되면 덧가루를 뿌린 볼에 담고 랩을 씌운다.

5 30도 정도의 실온에서 두 배로 부풀 때까지 50분 정도 발효시킨다.
  랩을 씌운 다음 숨구멍을 몇 개 뚫어서 발효시키면 되는데, 집에서 하는 발효방법은 간단하게 세 가지 정도가 있다. 첫째는 오븐의 발효 기능에서 발효시키는 것, 둘째는 체온 정도로 데운 물이 담긴 볼에 중탕으로 담아서 발효시키는 것, 셋째는 물이 담긴 컵을 전자레인지에 넣고 돌려서 전자레인지 내부를 따뜻하게 데운 후 반죽이 담긴 볼을 넣어 발효하는 방법이 있다.

2

1

3

4

5

모둠 채소피클

 Ready
양배추 1/4개, 단호박 1/10개, 양파 1/4개, 파프리카 1/2개, 마늘 1쪽, 래디시 1개, 비트 약간

피클주스
피클링 스파이스 1작은술, 생강 1톨, 레몬 1/2개, 물 1컵, 식초 120ml, 설탕 120g, 소금 2작은술

피클용 채소를 다양하게 준비한다. 비트는 조금만 넣어도 붉은색이 진하게 우러나므로 작은 사이즈로 준비한다. 오이, 브로콜리, 무, 셀러리 등 다른 채소를 준비해도 된다.

Cooking
1 채소는 3×3cm 정도의 비슷한 크기로 납작하게 썬다.
2 피클링 스파이스는 회향, 겨자, 코리앤더 등이 들어간 피클용 향신료이다. 없을 때는 정향 2개, 계피 1/2개, 통후추 10알, 월계수잎 1개를 대신 넣어준다. 매콤한 맛을 내고 싶을 때는 말린 고추 2~3개를 함께 넣는다.
3 피클주스 재료를 냄비에 담아 향이 우러나게 2~3분 정도 끓인 후 불을 끈다.
4 물에 넣고 끓여서 소독한 후 건조시킨 내열 유리병 안에 채소를 담는다.
5 끓인 피클주스를 채소가 잠기도록 부어준다. 뚜껑을 덮어 식힌 후 냉장 보관하고 3~4일 후부터 먹을 수 있다.
피클주스를 체에 걸러 부어주거나 다시백에 피클링 스파이스를 담아 우리면 깔끔하게 만들 수 있다.

Delicious Diet Recipe

라임's food coach _07
맛있는 다이어트를 위한 영양상식

나는 과연 표준체중일까요?

다이어트를 시작할 때에는 먼저 내 몸을 알아야 합니다. 정상체중인지 과체중인지, 비만인지 아닌지 알고 그에 맞는 식사와 운동을 정해야 해요. 정상체중인데 과도하게 식사량을 줄인다거나 운동을 과하게 하면 오히려 몸을 망가뜨릴 수 있어요. 그러니 내 몸의 상태를 정확하게 파악하고 올바른 목표치를 정하는 것이 현명한 다이어트의 첫걸음입니다.

브로카지수를 이용한 표준체중 산출법

키가 150cm 미만인 경우: 표준체중(kg)={키(cm)−100}

키가 150cm 이상~160cm 미만인 경우: 표준체중(kg)={키(cm)−150}÷2+50

키가 160cm 이상인 경우: 표준체중(kg)={키(cm)−100}×0.9

체질량지수를 이용한 표준체중 산출법

남자: 표준체중(kg)=키(m)의 제곱×22
여자: 표준체중(kg)=키(m)의 제곱×21

비만인지 아닌지 어떻게 알죠?

보건복지가족부의 국민건강영양조사에 따르면 소아 청소년 비만은 1998년 6.5%에서 2005년 12%로 급증했고, 성인 비만 역시 26%에서 31.7%로 증가했다고 합니다. 비만은 각종 질병의 발병 및 사망률과도 관련이 있으므로 각별히 주의할 필요가 있어요. 체질량지수 23 이상이 되면 건강 문제가 하나씩 생겨나고 25 이상이 되면 성인병

발병 위험이 증가하면서 사망률 역시 증가하게 됩니다. 반대로 체질량지수가 너무 낮은 18.5 이하가 되면 감염성 질환과 영양관련 질병(탈모, 골다공증, 월경 이상, 피부노화 등)에 걸릴 확률이 높아져 건강한 생활이 불가능하게 됩니다. 그러므로 항상 적당한 에너지 섭취와 운동으로 정상체중을 유지하도록 노력해야 합니다.

그렇다면 나의 비만지수는 어떻게 알 수 있을까요? 체내 근육량과 지방의 비율을 고려해야 100% 정확하지만, 표준체중 계산법(브로카지수)과 체질량지수(BMI) 계산법을 통해 별도의 검사 없이 신장과 체중만으로도 비만 여부를 간단히 알 수 있어요.

브로카지수를 이용한 비만도 판정

비만도(%) = 현재체중(kg) ÷ 표준체중 × 100

저체중	정상	과체중	비만	고도 비만
≤90%	91~109%	110~119%	120~139%	≥140%

예를 들어 키가 165cm이고 체중이 75kg이라면, 표준체중은 '(165−100)×0.9 = 58.5kg'이고, 비만도는 '(75kg ÷ 58.5kg) × 100 = 128.2%'입니다. 즉 '비만'입니다.

체질량지수에 의한 비만도 판정

체질량지수(BMI) = 체중(kg) ÷ 신장(m)^2

저체중	정상	과체중	비만	고도 비만
18.5 미만	18.5~22.9	23~24.9	25~29.9	30 이상

예를 들어 키가 167cm이고 체중이 58kg인 여성이라면, 체질량지수는 '58(kg) ÷ 1.67(m) ÷ 1.67(m) = 20.8입니다. 즉 '정상체중'입니다.

복부비만

남자: 허리둘레 90cm(35인치) 이상
여자: 허리둘레 80cm(31인치) 이상

1일 필요 에너지와 섭취 에너지는?

1일 에너지 필요량

1일 에너지 필요량(kcal) = 표준체중(kg) × 체중 1kg당 에너지 필요량(kcal/kg)

활동분류	내 용	체중 1kg당 에너지 필요량(kcal/kg)
안정상태	하루 종일 거의 누워 있는 상태 -수면, 안정, 휴식상태, 앉아서 TV 보기 등	25
가벼운 활동	하루에 걷거나 서 있는 시간이 2시간 이하 -거의 앉아서 하는 일, 사무직, 어린아이가 없는 전업주부, 운전, 카드놀이 등	30
보통 활동	하루에 걷는 시간 2~4시간, 하루에 서 있는 시간 2~6시간 -청소, 빨래, 제조업, 가공업, 판매업, 교사, 골프, 볼링 등	35
심한 활동	하루에 걷는 시간 4~8시간, 하루에 서 있는 시간 6~9시간 -건설업, 수리, 목공, 정원일하기, 자전거, 테니스, 댄싱 등	40
격심한 활동	거의 앉지 않고 서고, 걷고, 달리고, 일을 하면서 전신의 근육을 사용하는 경우 -축구, 농구, 빨리 걷기, 등산, 계단 오르기 등	50

한국인 1일 에너지 섭취 기준 (한국영양학회 2005)

구분	나이(세)	에너지(kcal/일)	구분	나이(세)	에너지(kcal/일)
영아	0~5(개월)	600	유아	1~2	1,000
	6~11	730		3~5	1,400
남자	6~8	1,600	여자	6~8	1,500
	9~11	1,900		9~11	1,700
	12~14	2,400		12~14	2,000
	15~19	2,700		15~19	2,000
	20~29	2,600		20~29	2,100
	30~49	2,400		30~49	1,900
	50~64	2,200		50~64	1,800
	65~74	2,000		65~74	1,600
	75 이상	2,000		75 이상	1,600
임신부		+0/+340/+450*	수유부		+320

* 임신 3분기별 영양섭취 기준

한국인을 위한 식사지침 십계명

하나, 다양한 식품을 골고루 먹자. 하루에 필요한 영양소는 약 40여 종. 다양한 식품 선택으로 영양소 섭취 과잉과 부족을 막는다.
Diet Tip 단, 인스턴트식품은 피하세요. 조리가 간편하고 맛있기는 하지만 칼로리가 높아 다이어트에는 최고의 적입니다. 신선하고 건강한 재료로 직접 조리해서 먹는 것이 좋아요.

둘, 정상체중을 유지하자. 섭취 열량보다 소비 열량이 적으면 여분의 열량이 체내에 지방으로 저장돼 비만을 가져온다.
Diet Tip 매일매일 체중을 체크해 스스로에게 자극을 줄 필요가 있어요. 그리고 수면과 기상 시간을 규칙적으로 하는 것이 좋아요. 그래야 불필요한 식욕을 억제시킬 수 있거든요. 야행성 생활을 하게 되면 늦은 시간에 음식을 먹게 되니 당연히 살로 가겠지요?

셋, 단백질을 충분히 섭취하자. 단백질 결핍은 신체조직의 손실을 일으켜 성장 부진과 체력 약화를 초래한다. 고기, 생선, 달걀, 대두 등 질 좋은 단백질을 섭취한다.
Diet Tip 채소와 과일에 편중된 식단은 영양의 불균형을 가져온다는 사실을 잊지 마세요.

넷, 지방질은 총 에너지의 20% 정도로 하자. 식물성과 동물성 유지 섭취의 균형을 지킨다. 필수지방산 섭취의 균형을 유지한다.
Diet Tip 포화지방산의 함량이 높은 육류, 팜유, 코코넛유 등을 사용한 가공식품, 버터, 마가린 등의 섭취를 자제하는 것이 좋아요. 혈중 콜레스테롤이나 중성지방의 함량이 지나치게 높아져 고지혈증이 생길 수도 있거든요.

다섯, 우유를 매일 마시자. 우유는 우리나라 식사에서 특히 부족한 영양소인 칼슘과 리보플라빈의 함량이 높다. 매일 우유를 마시면 보충할 수 있다.
Diet Tip 다이어트를 생각한다면 저지방 우유로 바꾸세요. 보통 우유에 포함되어 있는 지방 함량(3.2~3.3%)을 현저히 줄여(2% 이하) 다이어트는 물론 성인병 예방에도 도움을 준답니다.

여섯, 짜게 먹지 말자. 나트륨은 체내 대사에 꼭 필요한 무기질이지만 많이 섭취하면 고혈압 발생 빈도가 높아진다.
Diet Tip 나트륨을 과량으로 장기간 섭취한 경우 부종이 나타나요. 몸이 붓게 되는 것이지요. 또한 다이어트 진행상태를 체크할 수 없고 건강에 좋지 않아요.

Delicious Diet Recipe

일곱, 치아 건강을 유지하자. 설탕에 의해 생기는 충치는 총 섭취량보다 섭취 빈도에 더 영향을 받는다. 그러므로 신선한 과일이나 채소를 섭취하도록 한다.

Diet Tip 구강에 살고 있는 박테리아에 의해 분해된 당 발효산물이 치아를 손상시키는데, 주로 곡류, 과일, 과일주스 등에 함유되어 있어요. 치아에 오랫동안 남아 있으면 있을수록 충치를 일으킬 위험이 더 커지게 됩니다. 그러므로 식후에 바로 양치질하는 습관을 들이세요. 간식도 억제할 수 있어 다이어트에 도움이 된답니다.

여덟, 술, 담배, 카페인 음료 등을 자제하자. 알코올은 열량을 제공하지만 다른 영양소는 거의 없다. 또 비타민과 무기질의 흡수를 방해한다. 카페인은 중추신경을 자극하고 혈압을 높이며 철분의 흡수를 방해해 불면증을 유발한다.

Diet Tip 알코올은 그램당 7kcal를 내는 에너지원입니다. 지방질이 9kcal라는 것을 감안하면 상당히 많은 열량이지요. 알코올은 지방으로 바로 저장되지 않아도 같이 먹는 음식들을 모조리 지방으로 변환시켜 흡수합니다. 게다가 밤늦게 술자리를 갖는 편이니 술과 함께 흡수한 열량은 소비할 시간을 갖지 못하게 되지요. 다이어트의 또 다른 적인 담배는 피우는 동안에는 어느 정도 칼로리가 소모되긴 하지만 훨씬 많은 양의 내장 지방이 생긴다고 하네요. 카페인 음료는 지방을 연소시키긴 하지만 지속적인 섭취는 오히려 건강을 해치니 유의하세요.

아홉, 식생활 및 일상생활의 균형을 유지하자. 하루 일과는 쉬고 먹고 활동하는 세 부분으로 나뉜다. 식생활은 일상생활의 성취감에 큰 영향을 미친다.

Diet Tip 아침은 꼭 먹는 것이 좋아요. 아침을 거르면 혈당이 저하되어 뇌신경이 둔해지고 무기력해지며 집중력이 저하되어 학교든 직장에서든 능률이 떨어집니다. 또한 불규칙한 식습관으로 과식, 야식, 결식 등을 초래하여 건강을 해칠 수 있어요. 무엇보다도 다음 식사를 폭식하게 되므로 다이어트에 이만저만 손해가 아니랍니다.

열, 즐겁게 식사하자. 가족이 한자리에 모여 정성껏 만든 음식을 먹을 때 즐거움이 증가한다. 골고루 먹어 영양소 손실을 막고 식품의 소화율을 높인다.

Diet Tip 다이어트의 성공을 위해서는 소화기능이나 신진대사 활동이 중요한 역할을 합니다. 즐거운 식사시간은 음식의 소화와 흡수를 도와주며, 더불어 규칙적인 운동을 한다면 소화기능을 더욱 향상시켜 건강한 다이어트를 도와줍니다.

자료: 한국영양학회

Chapter 02

다이어트의 첫걸음, 아침식사 챙기기

영양만점 아침식사 & 예뻐지는 샐러드

| 활기찬 하루 행복한 아침 다이어트 | 바쁘다는 핑계로 아침을 거르는 것은 영양의 불균형을 가져올 뿐 아니라 활기찬 아침을 시작하는 데 방해만 됩니다. 특히, 다이어트를 하고 있거나 계획 중이라면 아침식사만큼은 꼭 챙기세요. 다이어트의 기본은 뭐니 뭐니 해도 균형 잡힌 식사이고, 그 다음이 적당한 운동이거든요.

그렇다고 바쁜 아침부터 밥과 반찬을 모두 챙겨 먹으려고 하다보면 시간이 꽤 걸려 곧 지쳐버리고 맙니다. 이럴 때 간편하게 준비할 수 있는, 열량은 낮되 영양이 높은 음료나 수프, 영양죽, 오믈렛, 떡, 샐러드 등을 준비해 맛있고 가볍게 그리고 항상 새롭게 식사해보세요. 아침이 싱그러워집니다.

228kcal 1인분

든든한 영양음료 **굿모닝 쉐이크**

저칼로리 단백질 식품인 두부, 완전식품인 우유, 영양을 고루 담은 선식, 노화 방지를 위해 꼭 먹어줘야 할 호두, 몸에 이로운 당인 꿀을 넣은 쉐이크예요. 바쁜 아침에 간단하고 든든하게 식사를 해결하고 싶을 때 좋은 음료랍니다. 다이어트 대용식, 운동 전후 간식으로도 정말 좋아요.

Delicious Diet Recipe

Ready (1인분)

생식용 두부 100g, 저지방 우유 250ml, 선식 2큰술, 호두 2쪽, 꿀 1작은술

두부는 생식용으로 준비해서 물기를 빼놓고, 호두는 고소한 맛을 더하기 위해 살짝 볶아준다. 생식용 두부는 단호박, 검정깨 등이 첨가된 제품이 나와 있으니 다양하게 활용할 수 있다. 선식 대신 익힌 고구마나 단호박, 호두 대신 아몬드, 땅콩 등 다른 견과류를 준비해도 된다.

Cooking

1 모든 재료를 믹서기에 넣는다.
2 호두가 거의 씹히지 않을 정도로 곱게 간다.
3 음료를 컵에 담고 다진 잣이나 아몬드를 뿌려준다.

   다진 잣, 아몬드, 땅콩 등을 뿌리면 장식 효과도 있고, 간간이 씹혀 고소함을 더해준다.
   더운 여름철엔 얼음 몇 조각을 넣어 함께 갈아 시원한 셰이크로 즐겨보자.

저지방 우유는 일반 우유에 포함되어 있는 지방(3.2~3.3%)을 현저히 줄인(2% 이하) 것으로, 다이어트나 성인병 예방에 도움을 준다.

140kcal
1인분

진한 고소함 홈메이드 두유

조금 귀찮더라도 집에서 직접 콩을 삶아 곱게 갈아서 두유를 만들어 보세요. 다른 첨가물이 들어가지 않은 순수함과 진한 고소함에 깜짝 놀랄 거예요. 꿀이나 시럽을 첨가하지 않고 약간의 소금 간만 하면 콩 자체의 맛을 더욱 진하게 느낄 수 있답니다.

Delicious Diet Recipe

Ready (5인분)

콩 1컵(불리면 2+1/2컵), 물, 소금이나 꿀

콩은 깨끗이 씻은 후 3배 정도의 물을 부어 6시간 이상 불린다. 자기 전에 물에 담가두었다가 다음날 만들면 편하다.

Cooking

1 불린 콩을 손으로 비비면 콩껍질이 벗겨져 물 위로 떠오른다.
2 콩껍질이 떠오른 윗물을 체에 밭쳐 따라내 껍질을 제거한다.
   콩껍질은 완벽하게 벗겨내지 않아도 된다. 콩껍질에는 식이섬유, 이소플라본 등이 들어 있어 콜레스테롤을 낮추고 고혈압, 갱년기 증세 완화에 도움을 주므로 같이 갈아도 좋다.
3 콩을 냄비에 담고 물을 넉넉히 부어 삶는다. 끓기 시작해서 5~10분 정도 삶아 익히면 충분하다. 콩을 건져 씹어 먹었을 때 고소한 맛이 나면 다 익은 것이니 불을 끈다.
   콩은 너무 오래 삶으면 메주 냄새가 나니 익을 정도로만 삶는다. 콩 삶은 물은 콩을 갈 때 같이 넣어주면 더 맛있다.
4 콩 1/2컵에 물 1+1/2컵(3배의 물)을 부어 곱게 간다. 소금으로 간하거나 꿀을 첨가해서 마신다.
   물 대신 우유를 조금 첨가하거나 볶은 콩가루, 깨, 잣 등을 첨가해서 함께 갈면 고소함과 영양을 더할 수 있다.
5 남은 콩은 밀폐용기에 담아 냉장고에 보관하고 한 번 마실 만큼만 꺼내 갈아 마시면 편하다.

188kcal
1인분

일본 만화가의 미네랄 두유 다이어트

매번 다이어트에 실패하던 일본 만화가가 8kg을 감량해서 화제가 됐던 미네랄 두유 다이어트예요. 채소와 과일을 갈아 만든 즙에 같은 양의 두유를 타서 아침식사로 마시면 체질 개선과 체지방 감소는 물론 갱년기 장애를 극복하는 데도 큰 도움이 된다고 하네요.

Delicious Diet Recipe

영양만점 아침식사 & 예뻐지는 샐러드 _71

 Ready(1인분)

채소 과일즙 1컵(토마토즙 1/4컵, 사과즙 1/4컵, 딸기즙 1/4컵, 당근즙 1/4컵), 두유 | 만드는 방법은 69페이지 | 1컵

토마토, 사과, 당근 등 좋아하는 채소와 과일을 준비한다. 야채주스와 두유를 구입해서 간단하게 만들어도 된다.

Tip 두유는 무가당이 효과적이지만 입맛에 맞게 가당을 사용해도 된다.

 Cooking

1 믹서기나 주서기로 채소와 과일의 즙을 낸다. 믹서기로 즙을 낼 때는 갈아준 후 면보나 가는 체에 밭쳐 즙만 받아서 사용한다.
  양배추, 마, 수박, 멜론, 오렌지, 바나나 등 자신이 좋아하는 채소나 과일로 다양하게 만들어 보자.

2 채소 과일즙에 같은 양의 두유를 타서 마신다.
  단맛을 내고 싶으면 무가당 두유에 꿀(1작은술에 15kcal)을 조금 첨가한다.

콩의 고소한 맛과 풍부한 영양이 그대로 담긴 두유는 여성 호르몬 작용을 하는 이소플라본이라는 성분에 의해 다이어트하는 여성들의 골다공증 예방에 도움을 준다.

146kcal
1인분

누구나 좋아하는 단호박수프

재료와 조리법이 간단하고 맛도 좋아서 자주 끓여 먹는 수프예요. 단호박은 고구마의 1/2 정도로 칼로리가 낮고 비타민, 무기질이 풍부해 다이어트 식단에 빠지지 않아요.

Delicious Diet Recipe

Ready (4인분)

단호박 1개, 버터 1작은술, 양파 1/2개, 닭 육수 | 만드는 방법은 38페이지 |
2컵, 우유 1컵, 생크림 · 크루통 · 파슬리 · 시나몬파우더 · 소금 · 후
추 약간씩

단호박은 깨끗하게 씻어 전자레인지나 찜기에서 부드럽게 익힌 다음 껍질
과 씨를 제거한다. 양파는 잘게 다진다.

 Cooking

1 냄비에 버터를 녹인 후 양파를 넣어 달콤한 맛이 나게 약불에서 충분히 볶아준다.
2 익힌 단호박을 넣어 으깨면서 볶아준다.
3 준비한 닭 육수를 부어 저어가면서 잠시 끓인 후 믹서기로 곱게 간다.
4 우유를 넣어 농도를 조절하고 소금, 후추로 간을 한다. 한소끔 끓인 후 불을 끈다.
5 수프를 담고 생크림, 크루통, 시나몬 파우더 등을 토핑으로 얹는다.

크루통 | 만드는 방법은 56페이지 | 은 빵을 1cm 크기의 주사위 모양으로 썰고 오일을 약간 두른 팬에
서 바삭하게 구워준 후 말린 파슬리를 조금 뿌려 만든다. 크루통은 수프에 띄워 내거나 샐러드
에 곁들이면 맛있다.

정성 가득 양파수프

피를 맑게 하여 피부미용에도 좋고 성인병 예방에도 효과가 있는 양파로 끓인 프랑스 수프예요. 감기에도 효과가 있으니 으슬으슬 몸살기가 있을 땐 따끈한 양파수프가 제격이죠.

212 kcal
1인분

영양만점 아침식사 & 예뻐지는 샐러드 _75

 Ready (2인분)

마늘 1쪽, 양파 큰 것 1개(200g), 버터 1/2큰술, 올리브유 1/2큰술, 밀가루 1/2작은술, 레드와인 1큰술, 닭 육수 |만드는 방법은 38페이지| 2컵, 발사믹식초 1작은술, 소금, 후추, 바게트 2쪽, 치즈 40g, 파슬리 약간

마늘은 다지고 양파는 채 썬다. 육수는 닭 육수 대신 쇠고기 육수 |만드는 방법은 36페이지| 를 준비해도 된다.

 Cooking

1 냄비에 버터와 올리브유를 두르고 채 썬 양파를 넣어 볶는다.
2 오랜 시간을 들여 타지 않고 진한 브라운 색이 되도록 충분히 볶아준다(5~10분 정도).
　양파를 태우면 쓴맛이 나서 수프를 망칠 수 있으니 주의하고, 달콤한 양파 맛이 우러나오도록 (진한 브라운 색) 충분히 볶아준다.
3 다진 마늘과 밀가루를 넣어 고소한 향이 나게 잠시 볶는다.
　마늘은 잘 타기 때문에 나중에 넣어 살짝 볶는다. 맛과 향을 더해주려고 넣는 것이니 생략해도 괜찮다.
4 레드와인을 넣어 바닥에 눌어붙은 내용물을 긁어내면서 향을 더해주고 육수를 부어 5~10분 정도 뭉근히 끓인다. 떠오르는 불순물은 걷어낸다. 발사믹식초, 소금, 후추로 간을 해 마무리한다.
5 1인용 수프 그릇에 양파수프를 1컵 정도 담는다.
6 바게트 한 쪽을 올리고 치즈와 파슬리를 뿌린 후 200~220도의 오븐에서 치즈가 노릇하게 녹아 내릴 때까지 익힌다.
　수프 그릇에 담는 과정까지 미리 만들어 냉장고에 넣어뒀다가 다음날 아침에 전자레인지에 치즈가 녹을 때까지 데워 먹으면 아주 간편하다.

96kcal
1인분

콩으로 영양을 더한 야채수프

텔레비전에 방영된 후 선풍적인 반응을 불러일으킨 야채수프예요. 칼로리는 낮으면서 비타민과 미네랄이 충분히 들어 있어 체질 개선과 다이어트에 효과가 있다고 하죠. 그냥 마시기 지겨울 땐 각종 요리에 육수 대용으로 활용해보세요. 야채수프를 육수로 사용해서 콩을 넣은 토마토수프를 만들어봤어요.

Delicious Diet Recipe

Ready (4인분)

완두콩 · 강낭콩 등(생콩) 150g, 토마토 3개(살만 다져서 450g), 마늘 1쪽, 올리브유 1작은술

야채수프
당근 · 양배추 · 단호박 · 양파 각 40g씩, 물 640ml, 다시마(10×10cm 크기) 1장

콩은 깨끗이 씻고, 채소는 유기농으로 준비해 껍질째 깨끗이 씻는다. 다시마는 젖은 행주로 먼지를 닦아낸다.

Cooking

1 야채수프를 먼저 만든다. 당근, 양배추, 단호박, 양파를 40g씩 준비해 잘게 다진다. 다시마는 육수로 사용할 수프에 감칠맛을 더해주기 위해 넣는데 생략해도 된다. 전체 야채 양의 4배의 물을 부어 끓인다. 5분 정도 끓인 후 약불로 줄여 20분간 더 끓인다.
2 야채수프를 체에 밭쳐 맑은 수프를 받는다. 2컵 정도의 양이 나온다.
3 토마토는 껍질과 씨를 제거하고 살만 잘게 다진다.
  토마토는 빨갛게 잘 익은 것으로 준비해야 맛있는 수프가 만들어진다.
4 팬에 올리브유를 두르고 다진 마늘을 넣어 약불에서 향이 나게 볶는다.
5 토마토를 넣어 볶는다.
6 야채수프를 2컵 부어 끓인다. 한소끔 끓으면 떠오르는 거품을 걷어내고 중불 이하로 줄여 양이 절반 정도가 되게 20분 정도 조린다.
7 콩을 넣고 익을 때까지 5분 정도 끓인다. 간이 부족하면 소금을 약간 넣는다.
  생콩이어서 금방 익는다. 만약 마른 콩이라면 불렸다가 미리 삶아 준비한다. 채소와 토마토가 듬뿍 들어가 따로 간을 안 해도 될 만큼 달콤하고 간이 잘 맞지만 혹시라도 부족할 땐 소금간을 아주 조금만 한다.

193kcal
1인분

한국식 아침 수프 조랭이떡 미역국

혈액 속의 노폐물과 지방 등을 깨끗하게 청소해주는 미역. 칼로리는 낮은 대신 섬유소가 풍부해서 포만감을 주는 다이어트 식품이기도 해요. 미역국에 조랭이떡을 약간 넣고 끓여 아침으로 먹으면 든든하면서도 가볍게 하루를 시작할 수 있답니다.

Delicious Diet Recipe

Ready(4인분)

조랭이떡 200g, 미역 15g, 양지머리 100g, 마늘 5쪽, 국간장 1큰 술, 참기름 2작은술, 물 5~6컵, 새우젓 1작은술, 소금, 후추

양지머리는 찬물에 담가 핏물을 뺀 후 1×3cm 크기로 썬다. 미역은 물에 담가 충분히 불린 후 거품이 일게 바락바락 주물러주고 여러 번 헹궈낸다. 조랭이떡은 물에 담가 부드럽게 불린다.

 Cooking

1 깊은 냄비에 참기름 1작은술을 두르고 양지머리, 마늘, 국간장 1작은술을 넣어 볶는다.
    오래 끓여야 하기 때문에 마늘은 통으로 넣어주는데, 편 썰거나 다져서 넣는 것에 비해 국물이 깨끗해서 좋다.
2 물기를 뺀 미역을 넣고 참기름 1작은술, 국간장 2작은술을 넣어 5분 정도 충분히 볶는다.
3 물을 부어 끓인다. 한소끔 끓으면 중불 이하로 줄여 20~30분 정도 맛이 우러나게 더 끓인다.
4 소금, 새우젓으로 간을 맞추고 조랭이떡을 넣어 부드럽게 익힌다.

139kcal 1인분

건강한 아침을 여는 현미오곡죽

잡곡은 식이섬유와 비타민, 단백질이 풍부해 꾸준히 섭취하면 비만이나 성인병 예방에 좋아요. 몸에 좋은 잡곡을 충분히 불려 부드러운 죽을 만들어보세요. 건강까지 챙기는 든든한 아침식사가 될 거예요.

Delicious Diet Recipe

Ready (8인분)

현미 1/2컵, 보리 1/4컵, 율무 1/4컵, 수수 1/4컵, 흰콩 1/4컵, 참기름 1/2큰술, 육수나 물 6컵, 소금이나 간장 양념

잡곡을 각각 계량하여 맑은 물이 나올 때까지 여러 번 씻는다.

 Cooking

1 잡곡을 충분한 양의 물에 담가 5시간 이상 불린다.
2 믹서기에 잡곡과 육수 2컵을 넣어 간 뒤, 냄비에 담는다.
3 참기름을 넣고 저어가며 끓이다가 나머지 육수를 붓는다. 뚜껑을 덮고 중불 이하로 줄여 푹 퍼지게 익힌다.
4 오곡죽을 그릇에 담고 달걀 지단, 구운 김채, 구운 잣 등을 고명으로 올린다. 국간장이나 간장에 참기름, 깨소금을 뿌린 양념장 또는 소금을 곁들여 간을 해서 먹는다.

 Lime's Tip

현미는 식이섬유의 보고이며 암 진행을 늦추고 당뇨병의 치료제로도 쓰인다. 현미의 거친 식감과 소화가 잘 되지 않는다는 단점을 보완한 것이 발아현미인데, 현미가 발아되면 기존에 있던 영양소는 크게 늘어나고 새로운 영양소가 생긴다. 또한 현미에 비해 식감이 좋아 먹기에도 한결 수월하다. 젊음과 건강을 생각한다면 발아현미로 밥을 지어보자.

216kcal 1인분

오트밀로 만든 홈메이드 웰빙 시리얼

오트밀, 말린 과일, 견과류 등으로 만든 시리얼은 단백질, 불포화지방산, 섬유질 등이 풍부해 건강과 다이어트에 도움을 줘요. 미국과 유럽에서는 아침식사용 건강식으로 즐겨 먹는답니다.

Ready(10회분)

오트밀(납작귀리) 300g, 호두·아몬드 등 견과류 100g, 블루베리·
포도·무화과 등 말린 과일 100g, 황설탕 1큰술, 메이플시럽 3큰
술, 포도씨유 1/2큰술, 버터 1/2큰술

오트밀은 체에 밭쳐 가루를 털어내고, 견과류는 체에 밭쳐 씻은 후 마른 팬
에 볶아 물기를 날린다.

Cooking

1 팬에 황설탕, 메이플시럽, 포도씨유, 버터를 넣고 데운다. 휘젓지 말고 팬을 돌리면서 설탕을 녹인다.
2 설탕이 완전히 녹아 보글거리기 시작하면 오트밀, 견과류, 말린 과일을 넣어 골고루 섞는다.
3 오일을 바른 오븐팬에 펼쳐 담는다.
   큰 사이즈의 오븐팬을 준비해 넉넉하게 펼쳐 담아야 골고루 바삭바삭하게 잘 구워진다.
4 160~170도로 예열한 오븐에서 20분 정도 굽다가 꺼내서 한 번 섞어준 다음 10분 정도 더 굽는다.
   타지 않고 전체적으로 노릇노릇해질 때까지 굽는다.
5 오븐에서 꺼내 완전히 식힌 다음 밀폐용기에 담아 보관한다. 실온에서 3~4주간 보관이 가능하다. 우유, 두유, 요거트, 과일 등을 곁들여 먹는다.

278kcal
1인분

바쁜 아침 시간의 해결사 **시리얼 과일요거트**

몸에 좋은 홈메이드 시리얼과 신선한 과일을 곁들인 상큼한 요거트로 입맛 없는 아침에 추천하고픈 메뉴예요. 만들기도 간단해서 바쁜 아침 시간에 제격이랍니다.

Delicious Diet Recipe

Ready(1인분)

플레인요거트 1팩, 홈메이드 시리얼 |만드는 방법은 82페이지| 35g, 블루베리·체리·바나나·딸기·키위 등 과일 적당량

오트밀로 만든 홈메이드 시리얼이나 저칼로리 통곡물 시리얼 또는 그라놀라를 준비한다. 무가당 플레인요거트와 좋아하는 과일을 잘게 잘라 준비한다.

 Cooking

1 단맛을 조금 내려면 플레인요거트에 1작은술 정도의 꿀을 첨가한다. 여름철에는 약간의 꿀을 섞은 플레인요거트를 살짝 얼려 갈아주면 파르페처럼 간식으로도 즐길 수 있다.
2 볼에 시리얼을 담는다.
3 요거트를 담는다.
4 과일 조각을 얹고 시리얼과 플레인요거트를 약간씩 끼얹어준다.

128kcal
1인분

간단해도 맛은 좋아 **토마토 스크램블**

바쁜 아침에 후다닥 만들어 먹을 수 있는 메뉴예요. 부드럽고 맛도 좋아서 즐겨 만든답니다.
바삭하고 고소하게 구운 빵과 함께 곁들이면 꽤 든든한 아침식사가 되지요.

Delicious Diet Recipe

Ready(1인분)

토마토 1개, 양상추 35g, 달걀 1개, 우유 1큰술, 허브 약간, 소금·
후추·포도씨유 약간씩

달걀은 우유, 허브 조금, 소금, 후추로 밑간을 해서 풀어놓는다. 양상추는
깨끗하게 씻은 후 물기를 제거하고 먹기 좋은 크기로 찢는다.

 Cooking

1 토마토는 칼집을 살짝 넣어주고 끓는 물에 잠깐 담가 껍질이 일어나면 건진다. 잠시 식힌
   후 껍질을 벗긴다.
   잘 익은 토마토는 그냥 칼로 벗겨도 껍질이 잘 벗겨진다. 껍질이 씹히는 것 때문에 벗기는 것
   이니 바쁜 아침 시간에는 생략해도 괜찮다.
2 토마토는 먹기 좋은 크기로 썬다.
3 프라이팬에 포도씨유를 살짝 뿌린 후 토마토를 넣어 재빨리 볶는다.
   프라이팬을 달군 후 토마토를 넣어 센불에서 재빨리 볶아야 물기가 덜 생긴다.
4 양상추를 넣어 잠시 볶다가 소금, 후추로 간한다.
   양상추는 살짝 볶아줘야 아삭한 맛이 산다. 아스파라거스로 대체해도 좋다.
5 토마토와 양상추를 프라이팬 한쪽에 모아두고 달걀을 넣어 스크램블한 후 섞어준다.
6 접시에 토마토 스크램블을 담고 바삭하게 구운 빵을 곁들인다.

330kcal 1인분

닭고기 커리소스의 오믈렛

닭고기와 채소를 넣어 끓인 커리소스를 오믈렛에 곁들였어요. 커리소스가 부드러운 오믈렛에 촉촉하게 스며들어 정말 맛있답니다. 성인병과 다이어트에 효과적인 커리는 볶음밥, 파스타, 고기요리 등의 소스로도 잘 어울려요.

Delicious Diet Recipe

Ready

오믈렛(1인분)
버터 1/2작은술, 포도씨유 1작은술, 달걀 2개, 우유 2큰술, 소금 1/4작은술

닭고기 커리소스(4인분 기준)
닭 안심 100g, 고구마 1/2개, 감자 1/2개, 양파 1개, 당근 1/3개, 마늘 1쪽, 닭 육수 |만드는 방법은 38페이지| 1+1/2컵, 고형 커리(또는 커리가루) 50g, 꿀 1/2작은술, 버터 1/2작은술, 포도씨유 1작은술

닭고기와 채소는 1.5~2cm 크기로 깍둑썰기 한다. 마늘은 다지거나 편 썬다. 달걀, 우유, 소금은 볼에 담아 잘 풀어준다.

Cooking

1 팬에 버터와 포도씨유를 두르고 채소를 넣어 볶는다.
2 채소가 어느 정도 볶아지면 닭고기를 넣어 볶는다.
3 닭 육수, 커리를 넣어 재료가 익도록 10~15분 정도 끓인다. 꿀을 넣어 마무리한다.
4 지름이 12~15cm인 프라이팬에 버터와 포도씨유를 두르고 풀어놓은 달걀을 넣어 어느 정도 익으면 모양을 잡아 오믈렛을 만든다.
5 접시에 오믈렛을 담고 커리소스를 한 국자 정도 끼얹는다. 마지막으로 샐러드를 곁들인다.

폭신폭신 휘핑 오믈렛

달걀을 휘핑해서 가볍게 구운 오믈렛은 마치 스폰지케이크를 먹는 것처럼 부드럽고 폭신폭신하답니다. 시금치, 버섯, 치즈 등 부드러운 질감의 재료를 넣어 만들면 아주 잘 어울려요.

163kcal
1인분

Ready (2인분)

달걀 2개, 소금, 후추, 우유 1/3컵, 데친 시금치 100g, 양파 1/3개, 표고버섯 1개, 코티지치즈 |만드는 방법은 55페이지| 2큰술, 버터·올리브유 1작은술씩

시금치, 양파, 표고버섯 등의 속 재료는 채 썰어서 약간의 오일을 두른 팬에 볶은 후 소금, 후추로 밑간을 한다.

 Cooking

1 볼에 달걀을 담고 소금, 후추로 밑간을 한 후 휘핑기로 70~80% 정도 휘핑한다. 우유를 넣어 살살 섞어준다.
  휘핑기로 달걀을 떨어뜨려 보았을 때 자국이 천천히 없어지는 정도까지 휘핑하면 된다.
2 버터와 올리브유를 두른 팬에 달걀을 부어 약불에서 천천히 익힌다. 밑면이 약간 노릇해지고 가장자리가 굳기 시작하면 볶아둔 속 재료와 치즈를 절반 정도 담는다.
  시금치, 양파, 버섯, 치즈 외에도 새우·굴·게살·생선 등의 해산물이나 닭고기·햄·베이컨·안심 등의 육류, 토마토·감자·아스파라거스 등의 채소, 파슬리·바질 같은 허브 등 부드럽게 씹히는 질감의 재료는 다 잘 어울린다.
3 반으로 살포시 접은 후 마저 익힌다.
  속까지 따뜻하게 익도록 뚜껑을 덮어준다.
4 오믈렛을 접시에 담고 과일 샐러드, 구운 빵, 요거트 등을 곁들인다.

 Lime's Tip

시금치, 치즈 등의 속재료를 생략하고, 휘핑한 달걀에 우유를 섞은 반죽을 팬케이크처럼 동그랗게 구워서 과일과 시럽을 곁들여 먹어도 잘 어울린다.

198kcal
1인분

기분 좋은 상큼함 자몽 프렌치토스트

프렌치토스트를 만들 때 우유 양을 줄이고 오렌지주스나 자몽주스를 넣어보세요. 향긋하고 상큼한 향이 기분까지 좋아지게 해요. 달콤한 과일과 샐러드까지 곁들이면 근사한 아침식사가 되겠죠?

Delicious Diet Recipe

Ready(2인분)

식빵(1.5~2cm 두께) 2장, 달걀 1개, 우유 3큰술, 자몽즙 2큰술, 꿀 1/2 작은술, 소금 약간, 버터 1작은술, 슈거파우더·시나몬파우더 약간씩

자몽 드레싱의 샐러드
자몽 슬라이스 6쪽, 딸기 3개, 어린잎 채소 50g, 자몽즙 1큰술, 오일 1작은술, 소금, 후추

식빵은 1.5~2cm 정도로 두껍게 썬다. 자몽 1/3개의 즙을 낸다. 자몽즙 대신 시중에서 파는 자몽주스를 써도 된다.

 Cooking

1 달걀, 우유, 자몽즙, 꿀, 소금을 잘 섞어준 다음 식빵을 5분 정도 담가 달걀물이 흡수되도록 한다. 중간에 한두 번 뒤집어준다.
2 자몽은 껍질을 제거하고 살만 포를 떠서 준비한다.
3 팬에 버터를 녹여 식빵을 노릇하게 굽는다.
4 토스트를 접시에 담고 취향대로 슈거파우더나 시나몬파우더를 뿌린다. 자몽, 딸기를 곁들인 샐러드에 자몽즙, 오일, 소금, 후추를 섞은 자몽 드레싱을 뿌려준다.

165kcal
1인분

딸기 콤포트를 곁들인 오트밀 팬케이크

밀가루 대신 오트밀로 팬케이크를 만들고, 잼 대신 신선한 딸기 콤포트를 곁들인 다이어트 팬케이크예요. 오트밀은 단백질, 비타민, 무기질, 섬유소가 풍부한 건강식품이고, 최소한의 설탕이 들어간 딸기 콤포트는 과일의 신선한 향과 맛이 그대로 살아 있어요.

Delicious Diet Recipe

Ready (2인분)

오트밀(납작귀리) 1/4컵, 코티지치즈 |만드는 방법은 55페이지| 1+1/2큰술, 달걀 1개, 소금 약간, 우유 2큰술, 메이플시럽, 슈거파우더

딸기 콤포트
딸기 150g, 설탕 1+1/2큰술, 레몬즙 1/2작은술

코티지치즈는 집에서 직접 만들거나 치즈 코너에서 구입한다. 딸기는 깨끗이 씻어서 준비한다.

Cooking

1 딸기는 큰 것은 반으로 가르고, 작은 것은 그대로 냄비에 담아 설탕과 레몬즙을 뿌려 물기가 생기도록 15~20분 정도 그대로 둔다. 설탕이 녹고 물기가 생기면 불에 올려 딸기가 부드럽게 익을 때까지 8~10분 정도 거품을 걷어내며 조린다.
2 밀폐용기에 담고 냉장고에 넣어 차갑게 보관한다.
  잼과 달리 오래 두고 먹을 수 없기 때문에 대량으로 만들었을 때는 1회분씩 따로 포장하여 냉동 보관한다.
3 오트밀, 코티지치즈, 달걀은 잘 섞거나 푸드 프로세서에 넣어 간다. 소금으로 약하게 간하고 랩을 씌워 하루 전날 냉장고에 넣어둔다.
  재료를 그냥 섞어주면 오트밀의 씹히는 맛이 그대로 살아 있고, 곱게 갈면 부드러운 맛을 즐길 수 있다.
4 냉장고에 하룻밤 재워두면 오트밀이 불어서 되직해진다. 우유를 첨가해서 농도를 맞춘다.
  바닐라에센스, 시나몬파우더, 넛맥 등을 조금 넣어서 향을 더해줘도 좋다.
5 오일이나 버터를 두른 팬에 한 국자씩 떠 넣어 부친다.
6 팬케이크를 접시에 담고 딸기 콤포트를 끼얹는다. 슈거파우더나 메이플시럽을 뿌리고 코티지치즈, 생과일을 곁들인다.
  딸기, 키위, 바나나, 블루베리, 오렌지 등의 과일을 곁들이면 상큼하고 맛있다.

114kcal
1개

쫄득쫄득 맛있는 현미 영양찰떡

찰떡은 소화가 잘되고 조금만 먹어도 오랫동안 든든해서 다이어트 아침식사로 그만이에요. 현미찹쌀과 콩, 팥, 밤 등 여러 가지 재료를 넣고 현미찰떡을 만들어 낱개로 포장해서 냉동실에 넣어놓으면 아침식사 걱정을 덜어준답니다.

Delicious Diet Recipe

Ready(20개)

현미찹쌀 2컵, 검은 콩 1/2컵, 붉은 팥 1/2컵, 밤 5개, 대추 6개, 호박고지 30g, 호두 5개, 잣 1큰술, 설탕 2큰술, 소금 약간

현미찹쌀은 깨끗하게 씻은 후 물에 담가 하루 정도 충분히 불린다. 중간에 물을 2~3회 갈아준다. 체에 밭쳐 30분 이상 물기를 뺀 후 천일염 1작은술을 넣어 가루로 빻는다. 콩은 물에 담가 5~6시간 이상 충분히 불린 후 끓는 물에 10분 정도 삶아 건진다. 팥은 넉넉한 물에 담아 끓어오르면 첫 물은 따라 버리고 다시 물을 넉넉히 부어 무르도록 삶는다. 밤은 껍질을 벗겨 6등분하고, 대추는 씨를 발라내고 6등분한다. 호박고지는 미지근한 물에 담가 부드러워질 때까지 불린다. 호두는 밤이나 대추 크기로 자른다.

Tip 위의 레시피처럼 적은 양을 만들 때는 불린 후 물기를 뺀 현미찹쌀을 가루 전용 믹서기에 조금씩 넣어 갈아서 쓰고, 대량으로 보관해두고 쓸 때는 불린 후 물기를 뺀 현미찹쌀을 방앗간에서 빻아 온 후 냉동실에 넣어두고 쓴다.

 Cooking

1 현미찹쌀가루에 팥 삶은 물 2큰술과 설탕 2큰술을 넣어 고루 섞는다.
2 준비한 모든 재료를 현미찹쌀가루에 넣어 버무린다.
3 찜기에 젖은 면보를 깔고 재료를 담는다.
4 충분히 김이 올라오는 찜통에 담아 센불에서 30분 정도 찐다. 찔러보아 흰 가루가 묻어 나지 않으면 다 익은 것이다.
5 식용유를 얇게 바른 비닐을 네모난 틀에 깔고 그 위에 떡을 쏟아 모양을 잡는다. 비닐로 싸서 시원한 곳이나 냉장고에 넣어 굳힌다.
6 1cm 두께로 썬다. 45~50g 정도의 영양찰떡 20개를 만들 수 있다.

떡은 찰떡 포장 비닐에 낱개로 포장해서 냉동실에 보관한다. 자기 전에 냉동실에서 꺼내 실온에 두거나 냉장고에 넣어놓으면 부드럽게 녹아 다음 날 아침에 맛있게 먹을 수 있다.

196kcal
1인분

날씬해지는 과일 샐러드

맛있는 과일을 골고루 담고, 몸에 좋은 요거트소스를 뿌린 샐러드예요. 샐러드를 좋아하지 않는 분이나 아이들도 좋아할 샐러드죠. 칼로리도 낮고 만들기도 쉬워서 간단한 아침식사로도 좋고 군것질이 생각날 때 간식으로 부담 없이 만들어 먹을 수 있어요.

Delicious Diet Recipe

Ready(1인분)

딸기 2개, 사과 1/4개, 바나나 1/2개, 오렌지 1/3개, 키위 1/4개, 방울토마토 2개, 달걀 1개, 샐러드 채소 25g, 시리얼 1큰술, 구운 슬라이스 아몬드 1작은술, 건블루베리 1작은술

요거트소스
플레인요거트 2큰술, 레몬즙 1/2작은술, 꿀 1/2작은술

과일은 좋아하는 것으로 깨끗이 씻어서 준비한다. 샐러드 채소는 씻어서 물기를 뺀다. 레몬즙 대신 마시는 과일식초나 발사믹식초, 와인식초 등을 넣어도 좋다.

 Cooking

1 달걀은 끓는 물에 삶는다.
2 요거트소스를 섞는다.
3 삶은 달걀, 과일을 먹기 좋게 썰어 샐러드 채소와 함께 접시에 담는다. 소스를 1큰술 뿌린다.
4 시리얼, 구운 슬라이스 아몬드, 건블루베리를 얹고 나머지 소스를 뿌린다.

아몬드 대신 잣, 호두, 땅콩 등 다른 견과류를 넣거나 블루베리 대신 크랜베리, 망고, 체리 등 다른 건과일을 넣어도 된다.

바쁜 아침엔 프리스타일 샐러드

바쁜 아침 시간에 모든 재료를 편하게 뜯거나 잘라서 볼에 담고 자유로운 스타일로 버무려 먹을 수 있는 간단하고 맛있는 샐러드예요. 빵, 과일, 치즈, 채소를 기본으로 그날 냉장고에 들어 있는 재료를 활용하면 다양하게 변화를 줄 수 있어요.

270kcal 1인분

Ready(1인분)

토마토 1/2개, 키위 1/2개, 오렌지 1/2개, 치즈 25g, 샐러드용 채소 50g, 치아바타 또는 캄파뉴 등의 유럽빵 1쪽

와인식초 드레싱

올리브유 1큰술, 레드와인식초 1작은술, 꿀 1/2작은술, 소금, 후추

토마토, 키위, 오렌지 등의 과일을 깨끗이 씻어서 준비한다. 빵은 프랑스의 시골빵(캄파뉴)이나 이탈리아의 치아바타처럼 겉은 바삭하고 속은 부드러운 유럽빵이 잘 어울린다. 에멘탈, 카망베르 등 자연 치즈를 준비한다.

Cooking

1 와인식초 드레싱 재료를 섞어 준비한다.
2 빵은 겉은 바삭하고 속은 부드러워지게 겉면만 살짝 굽는다.
3 과일과 치즈는 먹기 좋은 크기로 자른다.
  냉장고에 있는 과일을 편하게 활용한다. 치즈도 경성 치즈, 연성 치즈, 프레시 치즈 등 다양하게 변화를 준다.
4 샐러드용 채소와 빵을 먹기 좋은 크기로 자연스럽게 찢어 볼에 담고 드레싱 2작은술을 넣어 살짝 버무린 후 접시에 담는다.
5 과일, 치즈를 볼에 담고 남은 드레싱을 넣어 버무린 후 샐러드 위에 올려 담는다.
  예쁘게 담기 위해 4와 5로 과정을 나눴지만, 간단하게 모든 재료를 그릇에 담고 드레싱을 뿌려 살짝 버무려 먹어도 된다.

248kcal
1인분

단호박을 곁들인 카프레제 샐러드

카프레제 샐러드는 프레시 모차렐라치즈, 토마토, 바질이 들어간 카프리의 유명한 샐러드예요. 여기에 익힌 단호박을 곁들이면 달콤한 맛도 더해지고 진한 단호박 색이 어울려 훨씬 먹음직스러워 보인답니다.

Delicious Diet Recipe

Ready(1인분)

방울토마토 3개, 익힌 단호박 50g, 프레시 모차렐라치즈 1/3개, 어린잎 채소 50g, 발사믹 리덕션 | 만드는 방법은 53페이지 | 약간

바질오일 드레싱
올리브유 1큰술, 발사믹식초 1/2큰술, 다진 바질 1/2큰술, 소금, 후추

단호박은 익혀서 부드러운 살만 준비하고 샐러드 채소와 방울토마토는 잘 씻어 물기를 제거한다. 프레시 모차렐라치즈도 물기를 제거한다.

 Cooking

1 바질오일 드레싱 재료를 잘 섞어준다.
2 방울토마토는 반으로 자른다.
3 샐러드 채소와 방울토마토를 접시에 담고 드레싱을 1/2큰술 뿌린다.
4 익혀서 으깬 단호박을 담고, 프레시 모차렐라치즈를 찢어 올린 후 드레싱을 1/2큰술 뿌린다. 마지막으로 발사믹 리덕션을 뿌린다.

392kcal
1인분

한 끼 식사로도 든든한 니스식 샐러드

에메랄드 빛 해안으로 유명한 니스의 풍요로움을 닮은 샐러드예요. 자연스럽게 찢어 담은 샐러드 위에 감자, 토마토, 달걀, 참치, 앤초비, 올리브 등 맛있는 재료를 듬뿍 올려 담아 한 끼 식사로도 충분하답니다.

Delicious Diet Recipe

영양만점 아침식사 & 예뻐지는 샐러드 _105

Ready(1인분)

캔 참치 30g, 앤초비 1쪽, 달걀 1개, 알감자 2~3개, 캔 옥수수 1큰술, 토마토 1/2개, 로메인 레터스(샐러드 채소) 60g, 올리브·케이퍼 약간씩

드레싱
다진 양파 2큰술, 다진 마늘 1작은술, 올리브유 3큰술, 레몬즙 1+1/2큰술, 설탕 1작은술, 소금 1/2작은술, 후추

참치와 앤초비는 오일을 제거한다. 옥수수는 체에 밭쳐 흐르는 물에 씻은 후 물기를 제거한다.

Cooking

1 달걀, 감자는 각각 끓는 물에 넣어 익힌다.
2 토마토와 익힌 달걀, 감자는 웨지 모양으로 썬다.
3 드레싱 재료를 잘 섞는다.
   한 접시 분량에 드레싱을 1큰술 정도 뿌려주면 되므로 남은 것은 유리병에 담아 냉장고에 넣어두고 쓴다.
4 감자, 토마토, 샐러드 채소, 옥수수, 올리브, 케이퍼를 볼에 담고 드레싱 1/2큰술을 뿌려 대충 버무린다.
   샐러드 채소는 로메인 레터스나 양상추 등 아삭하게 씹히는 종류가 잘 어울린다. 올리브와 케이퍼는 지중해에서 주로 사용되는 식재료로, 외국 식재료 코너에서 병 제품으로 구입할 수 있다.
5 4를 접시에 담고 참치와 슬라이스한 달걀을 골고루 얹은 후 앤초비를 잘게 뜯어서 군데군데 올린다. 드레싱 1/2큰술을 뿌린다.

1

2

3

4

5

Lime's Tip

앤초비(anchovy)는 지중해에서 주로 잡히는 멸치류의 작은 물고기를 염장한 제품으로, 우리의 멸치젓갈과 비슷한 맛과 향이 난다. 처음엔 낯설어도 샐러드, 파스타, 피자에 두루 쓰이는 맛있고 매력적인 식재료 중의 하나다. 올리브유에 담긴 것으로 외국 식재료 코너에서 구입할 수 있다.

382kcal
1인분

따뜻한 쌀국수 샐러드

채소가 들어간 그린 샐러드가 싫증나는 날엔 이국적인 쌀국수 샐러드를 만들어보세요. 쌀국수, 해물, 아삭아삭 씹히는 숙주 등을 태국식 소스에 버무려 가벼운 비빔면 스타일로 즐기는 이 색적인 샐러드예요.

Delicious Diet Recipe

Ready(1인분)

닭가슴살 50g, 새우 2마리, 달걀 1/2개, 쌀국수(가는 면) 25g, 숙주 50g, 쪽파 10g, 구운 땅콩 5알

소스
레몬즙 1큰술, 설탕 1큰술, 액젓 1/2큰술, 다진 마늘 1쪽, 다진 고추 1/3개, 다진 양파 1큰술, 다진 생강 1/2작은술

쌀국수는 '버미셀리'라는 가는 면을 준비한다. 닭가슴살과 새우는 흐르는 물에 씻은 후 물기를 닦는다. 숙주와 쪽파도 씻어서 준비하고 고추는 씨를 제거한 후 다진다. 마늘, 양파, 생강도 잘게 다진다.

Cooking

1 쌀국수 면은 냄비에 1분 정도 끓여 부드러워지면 찬물에 헹군다.
2 새우와 닭가슴살은 각각 끓는 물에 청주 1큰술을 넣고 익힌 후 먹기 좋은 크기로 썬다.
3 프라이팬에 기름을 약간 두르고 달걀을 풀어 부친 후 채 썬다.
4 소스 재료를 잘 섞은 후 프라이팬에 넣어 약불에서 잠시 끓인다.
　소스를 살짝 데운 후 재료를 넣어 버무린다고 생각하면 된다.
5 닭가슴살과 새우를 넣고 소스가 고루 배어들게 섞는다.
6 쌀국수를 넣고 잠시 볶다가 숙주, 달걀 지단, 쪽파를 넣어 한 번 섞은 후 불을 끈다. 접시에 담고 구운 땅콩 다진 것을 뿌린다.
　레몬이나 라임 웨지를 곁들여내서 먹기 전에 뿌려주면 상큼한 향이 맛을 더욱 살려준다.

너무나 가벼운 묵 샐러드

묵은 100g당 열량이 50kcal 정도밖에 되지 않는 저칼로리 식품으로, 많이 먹어도 부담이 없고 지방을 배출하는 데도 도움을 줍니다. 다이어트에는 더할 수 없이 좋은 식재료죠. 고기, 콩, 채소 등을 넣어 부족한 영양소를 보충한 묵 샐러드는 가벼우면서도 포만감을 주는 맛있는 다이어트 메뉴예요.

158kcal 1인분

Ready (1인분)

묵 100g(1/4팩), 쇠고기 안심 30g, 양상추·치커리 등 샐러드 채소 30g, 속배추 2장, 오이 1/4개, 양파 10g, 깻잎 3장, 토마토 1/2개, 완두콩 2큰술

매운 간장 양념

간장 1/2큰술, 국간장 1/2작은술, 고춧가루 1/2작은술, 설탕 1/2작은술, 깨소금 1/2작은술, 참기름 1/2작은술, 소금, 후추

완두콩은 끓는 물에 소금을 약간 넣어 1분 정도 삶아서 익히고, 양파는 채 썬 후 찬물에 15분 정도 담가 매운맛을 뺀다. 샐러드용 채소, 속배추, 깻잎은 깨끗이 씻은 후 물기를 제거하여 먹기 좋은 크기로 뜯거나 채 썬다. 오이는 동글납작하게 썰고, 토마토는 웨지 모양으로 썬다.

Cooking

1 간장 양념 재료를 잘 섞어 준비한다.
2 끓는 물에 묵을 넣어 투명하게 데친 후 식힌다.
3 묵칼을 사용해 먹기 좋은 크기로 썬다.
4 달군 팬에 고기를 넣고 소금, 후추로 간을 하면서 구운 다음 먹기 좋은 크기로 썬다.
5 접시에 샐러드 채소와 오이, 양파 등을 담고 양념 1작은술을 뿌린다.
6 토마토, 고기, 묵, 완두콩을 담고 나머지 양념을 뿌려준다.

구운 김채나 달걀 지단채를 곁들여도 맛있다.

349kcal 1인분

밥보다 가볍게 주먹밥 샐러드

끼니 때마다 밥을 먹지 않으면 허전하신 분들을 위한 샐러드예요. 완자 크기로 빚은 주먹밥과 향긋한 버섯 볶음, 상큼한 샐러드가 우리 입맛에 잘 맞아서 샐러드를 싫어하는 분들도 맛있게 드실 수 있답니다. 밥도 훌륭한 샐러드 재료가 되니 다양한 밥 샐러드를 만들어보세요.

Ready(1인분)

밥 1/2공기, 참기름 1/2작은술, 깨소금 1작은술, 소금, 후추, 쇠고기 50g(양념: 간장 1/2큰술, 설탕 1작은술, 다진 파 1/2큰술, 다진 마늘 1작은술, 청주 1/2큰술, 참기름 1작은술, 깨소금 1작은술, 후추), 표고버섯(또는 참송이버섯) 1개, 새송이버섯 1개, 양상추 30g, 어린잎 샐러드 20g, 깻잎 2~3장, 사과 1/6개, 양파 1/8개, 오이 1/8개

샐러드 양념
간장·액젓·고춧가루·설탕·참기름 1/2작은술씩, 식초 1/3작은술, 다진 마늘 1/2쪽, 통깨 1작은술, 소금, 후추

쇠고기는 잘게 다진 후 양념에 버무린다. 샐러드 재료는 깨끗하게 씻은 후 물기를 제거한다.

 Cooking

1 달군 프라이팬에 양념한 쇠고기를 넣고 물기 없이 볶는다.
2 버섯은 모양을 살려 썬 후 달군 프라이팬에 넣고 오일을 약간 둘러 구워준다. 버섯에 물기가 생기기 시작하면 소금, 후추로 간하여 노릇해지게 굽는다.
3 밥에 볶은 쇠고기를 넣고 참기름, 깨소금, 소금, 후추로 간하여 잘 비벼 섞은 후 3cm 정도 크기의 완자 모양으로 주먹밥을 빚는다.
4 양상추는 먹기 편한 크기로 찢고, 깻잎은 채 썰고, 오이는 반달썰기하고, 사과는 껍질째 납작하게 썰고, 양파는 채 썬다. 샐러드 재료를 볼에 담고 양념을 넣어 살살 버무린다.
5 접시에 샐러드를 담고 주먹밥, 버섯볶음을 올린다.

131kcal
1인분

유자 요거트소스의 새우 샐러드

유자청을 넣어 상큼한 향과 맛을 살린 새우 샐러드예요. 플레인요거트에 유자청만 섞으면 되는 간단한 소스에 새우와 잘 어울리는 오렌지, 다이어트에 효과가 있는 파프리카가 들어간 간단하면서도 맛있는 샐러드랍니다.

Delicious Diet Recipe

Ready(1인분)

새우 6마리(밑간: 올리브유·소금·후추·파슬리 약간씩), 빨강·노랑·녹색 파프리카 15g씩, 오렌지 1/2개, 샐러드 채소 50g, 크루통 | 만드는 방법은 56페이지 | 약간

소스
플레인요거트 2큰술, 유자청 2작은술

새우는 꼬리를 제외하고 머리와 몸통, 껍질, 내장을 제거한다. 파프리카는 4cm 길이로 채 썰고, 샐러드 채소는 깨끗이 씻어 물기를 제거한다. 유자청은 잘게 다진다.

 Cooking

1 새우는 소금·후추·올리브유·파슬리를 조금씩 뿌려 섞은 후 프라이팬에 굽는다.
2 오렌지는 껍질을 제거하고 살만 웨지 모양으로 발라낸다.
3 플레인요거트에 다진 유자청을 넣어 섞는다.
4 새우, 파프리카, 오렌지, 샐러드 채소를 볼에 담고 소스 1큰술을 넣어 살살 버무린 후 접시에 담는다.
5 남은 소스를 새우 위에 뿌리고 크루통을 뿌려 곁들인다.
   크루통 대신 시리얼을 조금 뿌려도 된다.

내 몸을 위한 연어 샐러드

오메가3 지방산, 비타민 E 등이 풍부한 연어는 대표적인 건강식품 중 하나예요. 보통 회나 구이로 많이 먹는데 달콤하고 상큼한 과일을 곁들여 맛있는 샐러드를 만들어보세요.

239kcal
1인분

Ready(1인분)

연어 100g, 통조림 복숭아 1/2개, 호두 2알, 어린잎 채소 50g

레몬오일 드레싱
올리브유 1작은술, 레몬즙 1/2작은술, 다진 양파 1큰술, 다진 청·홍고추 1/2큰술, 소금, 후추

연어는 살만 포를 떠놓은 것으로 구입해서 잔 가시를 발라내고 잘 씻은 후 물기를 닦는다. 어린잎 채소는 씻은 후 물기를 제거하고, 양파와 고추는 잘게 다진다.

 Cooking

1. 연어는 소금, 후추, 타임·딜 등의 허브를 뿌려 다른 재료를 준비하는 동안 냉장고에 넣어둔다.
2. 호두는 마른 팬에 구워 고소한 맛을 살린 후 잘게 썬다.
3. 드레싱 재료를 섞어둔다.
4. 통조림 복숭아의 물기를 제거하여 달군 그릴 팬이나 프라이팬에 겉면이 캐러멜화되게 구운 후 먹기 좋은 크기로 썬다.
5. 연어도 달군 그릴 팬이나 프라이팬에 겉면은 바삭하고 속은 부드럽게 구운 후 먹기 좋은 크기로 썬다.
6. 어린잎 채소를 접시에 담고 그 위에 연어, 복숭아, 호두를 담은 후 드레싱을 골고루 뿌린다.

구운 빵을 곁들여 먹으면 가벼운 한 끼 식사가 된다.

141kcal
1인분

오리엔탈 드레싱의 닭가슴살 샐러드

닭가슴살 샐러드는 구하기 쉬운 재료로 가장 손쉽게 만들 수 있는 다이어트 샐러드예요. 우리 입맛에 잘 맞는 오리엔탈 드레싱으로 맛을 살려 자주 먹어도 질리지 않아요.

Delicious Diet Recipe

Ready(2인분)

닭가슴살 1개, 양상추 1/4개, 양파 1/6개, 토마토 1개, 에멘탈치즈 슬라이스 1개, 아몬드 후레이크 2큰술

오리엔탈 드레싱
식초 2큰술, 설탕 1큰술, 마늘 2쪽, 소금 1/2작은술, 참기름 1작은술, 통깨 1/2작은술, 후추

양상추는 먹기 좋은 크기로 뜯어서 여러 번 씻은 후 찬물에 담가 아삭한 맛을 살린다. 양파는 채 썰어 찬물에 담가 매운맛을 뺀다. 토마토는 웨지 모양으로 썰고, 치즈는 먹기 좋은 크기로 자른다.

 Cooking

1 닭고기는 고기결과 반대 방향으로 썰고, 소금·후추·올리브유를 약간씩 넣어 밑간을 한 후 프라이팬에 노릇하게 굽는다.
   닭가슴살은 저지방이라 퍽퍽한 느낌이 있는데 고기결과 반대 방향으로 썰어주면 훨씬 부드럽게 요리할 수 있다.
2 오리엔탈 드레싱 재료를 섞는다.
   드레싱에 들어가는 오일류는 맛도 더해주지만 드레싱이 샐러드에 잘 묻도록 하는 역할을 한다. 원래는 올리브유 1/4컵을 넣어서 만들어야 하는데, 참기름만 조금 넣어 칼로리를 낮췄다. 위의 레시피에 올리브유 1/4컵을 더해서 드레싱을 만들면 샐러드를 두세 번 정도 만들어 먹을 수 있는 오리엔탈 드레싱이 만들어진다.
3 접시에 양상추, 토마토, 치즈, 양파를 담고 드레싱을 1큰술 정도 뿌린다.
4 구운 닭가슴살을 담은 후 드레싱을 2큰술 정도 골고루 끼얹고, 아몬드 후레이크를 뿌린다.

간단하고 든든한 스테이크 샐러드

소금과 후추로만 간을 해 고기의 맛을 살린 스테이크에 딸기, 키위 등 상큼한 과일을 곁들인 스테이크 샐러드예요. 손쉽게 만들 수 있고 든든해서 간단한 식사 대용식으로도 좋아요.

287 kcal
1인분

Delicious Diet Recipe

Ready(1인분)

스테이크용 쇠고기(안심·등심 등) 50g, 딸기 3개, 키위 1/2개, 바나나 1/2개, 빵 20g, 샐러드 채소 50g

발사믹 드레싱
올리브유 2작은술, 발사믹식초 1작은술, 소금, 후추

쇠고기는 지방이 적은 스테이크용으로 준비한다. 샐러드는 어린잎 채소나 양상추 등으로 준비해서 깨끗하게 씻는다. 빵은 잡곡이나 호밀이 섞인 유럽 빵으로 준비한다.

 Cooking

1 발사믹 드레싱 재료를 섞어둔다.
2 빵은 먹기 좋은 크기로 자른 후 오일을 약간 두른 팬에서 겉이 바삭하고 노릇해지게 굽는다.
3 과일도 먹기 좋은 크기로 자른다.
4 달군 팬에 쇠고기를 담고 소금, 후추를 뿌려 구운 후 먹기 좋은 크기로 썬다.
5 접시에 샐러드 채소, 과일, 쇠고기, 빵을 담고 발사믹 드레싱을 뿌린다.

Chapter 03

내 몸이 행복해지는 소박한 자연밥상
건강은 기본, 입맛까지 살려주는
코리안 스타일

| 내 몸을 가볍게 하는 자연밥상 | 자연 그대로의 음식은 몸과 마음을 가볍게 합니다. 건강한 땅에서 일군 신선한 재료로 만든 음식이기에 우리의 몸은 깨끗해지고 더욱 건강해지는 것이지요. 바다에서 나는 신선한 해산물도 우리 몸을 즐겁게 하니 다이어트 식단에 없어서는 안 될 중요한 식재료랍니다.
하지만 우리가 평소 무심코 즐겨 먹는 음식에는 고지방·고열량 음식이 많아요. 따라서 균형 잡힌 식사를 하려면 음식 재료와 조리법을 잘 선택해야 합니다. 식감이 좋으면서 열량이 낮고 몸에 좋은 콩, 된장, 해물, 곤약, 호박, 해초, 나물 등을 이용해 건강하게 요리해보세요. 다이어트와 입맛까지 동시에 사로잡을 수 있을 거예요.

미인을 위한 버섯들깨탕

건강 미인이 되고 싶다면 들깨를 넣어 만든 음식을 자주 드세요. 들깨는 불포화지방과 비타민 E, F 등이 풍부해서 혈관 건강, 피부나 머릿결, 변비 등에 많은 도움을 준답니다. 여성들을 위한 건강식이라고 할 수 있겠죠?

216kcal
1인분

 Ready(4인분)

느타리버섯 3개, 표고버섯 1개, 팽이버섯 1/2단, 들깨가루 1컵, 밥 2큰술, 멸치다시마 육수ㅣ만드는 방법은 35페이지ㅣ 3컵, 가래떡 1컵, 연두부 1/2컵, 소금, 송송 썬 실파나 쪽파 약간

표고버섯은 도톰하게 모양을 살려 썰고, 느타리버섯은 굵게 찢는다. 팽이버섯은 뿌리 부분을 자르고 길이가 길면 2등분한다. 가래떡은 물에 담가 부드럽게 불리고 두부는 깍둑썰기 한다. 들깨가루 대신 들깨를 쓸 경우에는 들깨를 체에 밭쳐 씻은 후 육수 1컵과 함께 믹서에 갈고 고운 체에 내려 고운 들깨 국물을 준비한다.

 Cooking

1 밥은 육수 1/2컵과 함께 믹서기에 곱게 간다.
 밥을 갈아 넣으면 탕에 약간의 농도를 더해줘서 묽은 수프처럼 먹을 수 있다. 국물이 진해지는 것이 싫으면 생략해도 된다.
2 육수 1+1/2컵과 버섯을 냄비에 담고 1~2분 정도 끓인다.
3 1에서 갈아둔 밥물을 부어 잠시 끓인다.
4 들깨가루와 남은 육수 1컵을 섞은 후 부어서 한소끔 끓인다.
 들깨즙을 넣은 후에는 끓어 넘치지 않도록 주의하고, 오래 끓이면 국물이 분리되니 한 번 끓으면 나머지 재료를 넣어 마무리한다.
5 말랑해지게 불린 가래떡과 연두부를 넣어 한소끔 끓인 후 소금으로 간하고 불을 끈다.
6 그릇에 담고 송송 썬 실파를 뿌려낸다.

259kcal
1인분

맛과 영양을 더한 단호박수제비

단호박을 넣은 빛깔 고운 수제비로, 칼로리는 25% 이상 낮추고 맛과 영양은 한층 높였어요. 수제비나 칼국수 같은 밀가루 음식이 먹고 싶을 땐 반죽에 단호박, 고구마, 감자 등을 갈아 넣어 칼로리를 낮춰 보세요.

Delicious Diet Recipe

_125

Ready (2인분)

애호박 1/5개, 표고버섯 1장, 새송이버섯 1/2개, 연두부 1/4모, 양파 1/3개, 마늘 2쪽, 쪽파 3줄기, 청·홍고추 1/2개, 황태다시마 육수 |만드는 방법은 35페이지| 4컵

수제비 반죽
익힌 단호박 1/8개(150g), 밀가루 100g, 소금 약간

애호박, 표고버섯, 새송이버섯은 먹기 좋은 크기로 납작하게 썬다. 연두부는 1cm 크기의 정육면체로 썰고, 양파는 채 썬다. 마늘은 다지고, 쪽파는 4cm 길이로 썰고, 청·홍고추는 어슷 썬다.

Cooking

1 익힌 단호박, 밀가루, 소금을 섞은 다음 치대어 반죽한다.
단호박의 수분으로 물 없이 반죽한다. 단호박과 밀가루의 양을 조금씩 조절해서 되기를 맞춘다.

2 반죽을 비닐에 담아 30분 이상 숙성시킨다.

3 냄비에 황태다시마 육수를 담고 끓으면 쪽파와 고추를 제외한 채소와 두부를 넣어 끓인다.
멸치다시마 육수 재료에 황태 대가리 1개, 표고버섯 기둥 3~5개 정도를 더해 15~20분 정도 끓여 육수를 내면 시원한 황태다시마 육수를 만들 수 있다.

4 재료가 어느 정도 익으면 수제비 반죽을 조금씩 떼어 넣는다.
수제비가 떠오르면 다 익은 것이다.

5 소금으로 간하고, 쪽파와 고추를 넣은 후 불을 끈다.

150kcal
1인분

고소함이 입안 가득 순두부탕

시원한 멸치다시마 육수에 부드러운 순두부를 넣어 담백하고 고소한 맛을 살렸어요. 따끈하고 든든한 아침식사로도 좋고, 밥에 국 대신 곁들이거나 육수 양을 조금 늘려서 밥을 말아 먹어도 맛있어요.

Delicious Diet Recipe

Ready (2인분)

순두부 1팩(400g), 멸치다시마 육수|만드는 방법은 35페이지| 1/4컵, 들기름 1작은술, 새우젓 1작은술, 소금, 후추

양념장
간장 2큰술, 물 2큰술, 고춧가루 1/2큰술, 다진 마늘 1/2큰술, 청·홍고추 1/2개씩, 쪽파 2큰술, 통깨 1/2큰술, 참기름 1/2큰술

육수는 미리 만들어 준비하고, 순두부는 팩에서 꺼내놓는다. 마늘, 청·홍고추는 잘게 다지고, 쪽파는 잘게 송송 썬다.

 Cooking

1 냄비에 들기름과 순두부를 담고, 순두부에 들기름 향이 배어들게 살살 볶듯이 저으면서 데워준다.
들기름을 넣어 함께 볶으면 들기름 향이 배어들어서 좋은데 번거로울 때는 이 과정을 생략하고 육수와 순두부를 냄비에 넣어 저어가면서 함께 끓인다.

2 육수를 부어 끓인다. 새우젓이나 소금, 후추로 밑간을 한다.
멸치다시마 육수 외에 황태를 넣어 만든 육수나 닭 육수, 쇠고기 육수를 사용해도 잘 어울린다. | 기본 육수 만드는 방법은 35~38페이지 |

3 양념장 재료를 섞어서 양념 그릇에 담는다.
4 따끈한 순두부탕을 1인용 뚝배기에 담고 양념장을 끼얹어 먹을 수 있도록 곁들여낸다.

초간단 콩국수 두유국수

직접 콩을 불리고 삶아서 콩국수를 만드는 과정이 번거롭다면 생식용 두부로 만들어보세요.
풍부한 콩의 영양소를 손쉽게 섭취할 수 있고 간단해서 자주 만들어 먹게 된답니다.

349kcal
1인분

Delicious Diet Recipe

_129

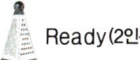 Ready(2인분)

생식용 두부 200g, 볶은 콩가루 2큰술, 물 1/2~1컵, 소금 약간, 생면 180g, 무순·수박·오이채·얼음 약간씩

두부는 생식용으로 구입하여 준비한다. 면은 콩국수용 생면이나 우뭇가사리, 실곤약을 준비한다.

 Cooking

1 생식용 두부, 볶은 콩가루, 물 1/2컵을 믹서기에 넣어 곱게 간다. 물을 첨가하면서 농도를 맞추고, 소금으로 간한다.
  물을 조금씩 첨가하면서 원하는 농도를 조절한다. 볶은 콩가루 대신 잣, 깨 등을 넣고 갈아도 고소한 맛을 더할 수 있다. 여름에는 얼음을 몇 개 넣고 갈아서 시원하게 만들어 먹는다.
2 면을 끓는 물에 삶아 익힌 후 찬물에 헹군다.
  생면 대신 우뭇가사리나 곤약국수를 사용해도 맛있다. 우뭇가사리, 곤약국수를 넣은 콩국수는 1인분에 120kcal 정도로 칼로리가 낮다. 우뭇가사리는 깨끗하게 씻어 체에 밭쳐 물기를 빼고, 곤약국수는 끓는 물에 살짝 데친 후 찬물에 헹궈주면 잡내를 없앨 수 있다.
3 면을 그릇에 담는다.
4 갈아둔 두유를 붓고 오이채, 무순, 수박 등을 고명으로 얹는다.

297kcal
1인분

삼계탕을 닮은 맛 닭소보로 찹쌀수프

일본 여행 중에 먹어봤던 걸쭉한 닭죽을 떠올리며 만들어봤어요. 열량을 줄이기 위해 지방과 껍질을 제거하고 끓여서 원래의 맛보다는 묽기 때문에 찹쌀가루를 넣어 농도를 맞췄어요. 닭고기를 잘게 다져서 보슬보슬하게 볶아 올리고 국물에 밥을 말아먹는 것이 우리나라의 닭죽과 다른 점이죠.

Delicious Diet Recipe

Ready (4인분)

닭(영계) 2마리, 다진 마늘 2쪽, 찹쌀가루 8큰술, 달걀 4개, 쪽파 약간, 소금, 후추, 밥 2공기

닭 삶는 재료
물 12컵, 마늘 5쪽, 양파 1/3개, 대파 1/2대, 생강 1쪽, 통후추 1작은술, 청주 3큰술

영계는 껍질과 지방을 제거하고 깨끗하게 씻는다. 찹쌀가루를 준비하거나 찹쌀을 씻은 후 불려서 사용한다.

Cooking

1 냄비에 영계와 닭 삶는 재료를 담고 끓인다. 떠오르는 거품을 걷어내면서 30분 정도 끓여 닭을 부드럽게 익힌다.
2 체에 밭쳐 맑은 육수를 받아둔다. 닭 한 마리의 살을 발라낸 후 잘게 다지거나 푸드 프로세서에 간다.
  고명으로 사용할 닭소보로는 한 마리면 충분하다. 남은 한 마리는 살을 발라 양념해서 반찬으로 활용한다.
3 프라이팬에 약간의 기름을 두르고 다진 마늘을 볶다가 향이 나면 미리 갈아둔 닭살을 넣어 수분을 날리면서 보슬보슬하게 볶는다. 소금, 후추로 간한다.
4 찹쌀가루에 동량의 닭 육수를 부어 잘 풀어준 후 냄비에 담고 8컵 정도의 육수를 첨가하면서 잘 섞이게 저어준다. 불을 켜고 저어가면서 걸쭉한 농도의 수프를 만든 다음 소금으로 간한다.
5 약불로 줄인 후 달걀을 깨뜨려 넣고 모양이 흐트러지지 않게 반숙으로 익힌다.
6 그릇에 따뜻한 밥을 반 공기 담고 닭수프와 반숙 달걀을 담는다. 닭소보로 2큰술과 송송 썬 쪽파를 약간 뿌린다.

시원하고 담백한 쌀국수

가벼운 느낌의 보드라운 면발, 담백하면서도 국물 맛이 시원한 쌀국수는 저칼로리식이어서 여성들에게 특히 인기가 많아요. 양지머리 육수만 준비해놓으면 집에서도 간단하게 맛있는 쌀국수를 만들어 먹을 수 있답니다. 재료를 약간 바꿔서 우리 입맛에 맞게 만들어봤어요.

Delicious Diet Recipe

_133

 Ready(4인분)

쌀국수(버미셀리 면) 200g, 양파 1개(초절임액: 식초 4큰술, 설탕 2큰술, 소금 약간), 숙주 100g, 청양고추·풋고추·홍고추 각 1개씩, 쑥갓·미나리·고춧가루 약간씩, 레몬이나 라임 1/2개

쇠고기 육수

양지머리 300g, 양파 1/4개, 마늘 2쪽, 생강 1톨, 대파 1/2대, 물 5컵, 청주 2큰술, 설탕 1작은술, 통후추 1작은술, 팔각 1/3개, 정향 2개, 미나리 약간

양지머리는 하루 전날 찬물에 담가 핏물을 뺀다. 숙주, 쑥갓, 미나리는 깨끗하게 씻고, 고추는 송송 썬다. 레몬은 얇게 슬라이스하거나 웨지 모양으로 썬다.

Cooking

1 양파는 채 썬 후 식초, 설탕, 소금 약간을 섞은 단촛물에 버무려 하룻밤 절인다.
2 냄비에 쇠고기 육수 재료를 넣어 끓인다. 한소끔 끓으면 불을 약간 줄이고 떠오르는 불순물을 제거한다. 20~30분 정도 끓여 고기가 부드럽게 익었으면 고기를 건져내고 육수는 체에 걸러 깨끗하게 받아둔다.
  양파와 생강 등을 구워서 넣어 깊은 맛을 내기도 한다. 우리 입맛에는 팔각, 정향을 아주 조금만 넣어 얕은 향을 내야 거부감 없이 먹을 수 있다.
3 고기를 얇게 슬라이스해서 따뜻한 육수에 담가둔다. 육수는 국간장, 소금, 후추로 밑간을 한다.
4 쌀국수는 끓는 물에 1분간 삶아 건져서 찬물에 헹군 후 다시 따뜻한 물에 넣어 데운다.
  쌀국수를 익힌 후 찬물에 헹궈줘야 쌀국수 특유의 냄새를 제거할 수 있다. 우리나라 국수 토렴하듯이 다시 따뜻한 물에 담가 데워준다.
5 그릇에 쌀국수와 고기를 담고 절임 양파·숙주·고추·쑥갓 등을 고명으로 올린 후 따뜻하게 준비한 육수를 부어준다. 여분의 숙주, 고추, 레몬 조각, 쑥갓, 고춧가루 등을 취향대로 올려 먹을 수 있도록 따로 담아 준비하고, 양파절임을 반찬으로 곁들여낸다.
  고수(코리앤더), 해선장, 칠리소스, 피시소스 등을 곁들여내면 베트남식 쌀국수를 맛볼 수 있다.

채소와 함께 익혀 먹는 쇠고기 샤브샤브

쇠고기나 돼지고기, 신선한 해물을 뜨거운 육수에 넣어 살짝 익혀 먹는 샤브샤브는 우리 집 주말 단골 메뉴예요. 육수와 채소, 소스 2~3가지만 준비하면 되니 만들기도 간단하고, 많은 양의 채소를 고기와 함께 촉촉하게 익혀 맛있게 먹을 수 있어서 좋아요.

280kcal
1인분

Delicious Diet Recipe

건강은 기본, 입맛까지 살려주는 코리안 스타일 _135

 Ready(2인분)

샤브샤브용 쇠고기 150g, 양파 1/2개, 실부추 50g, 깻잎 8장, 팽이버섯 1/2팩, 속배추 5장, 대파 1/2대, 표고버섯 1개, 국간장 1작은술, 소금 1/4작은술, 후추, 생면 100g, 곤약국수 150g, 가쓰오부시 육수 | 만드는 방법은 39페이지 | (또는 멸치다시마 육수 | 만드는 방법은 35페이지 |) 3컵

고기는 샤브샤브용으로 얇게 썬 것을 준비하고, 양파·속배추·대파·표고버섯·깻잎은 채 썬다. 실부추와 팽이버섯은 7cm 길이로 썬다. 육수는 가쓰오부시 육수나 멸치다시마 육수를 미리 만들어 준비한다. 소스는 아래의 세 가지 중 좋아하는 것을 두 가지 정도 미리 만들어둔다.

Cooking

1 고기를 얇게 펼쳐 양파 채, 실부추, 깻잎 채, 팽이버섯을 넣어 만다.
   양파 대신 색이 예쁘고 매운맛이 덜한 적양파, 실부추 대신 쪽파를 써도 된다.
2 고기말이를 접시에 돌려 담는다.
   고기말이와 소면 등을 접시에 담고, 소스를 준비하고, 전골냄비에 육수를 담아 식탁에 올려 익혀가며 먹으면 따뜻하고 맛있게 먹을 수 있다.
3 전골냄비에 육수를 담아 국간장, 소금, 후추로 밑간을 한 후 끓인다.
4 채 썬 양파, 속배추, 대파, 표고버섯을 넣어 익힌다.
5 채소가 익으면 고기를 넣고 익혀서 소스에 찍어 먹는다. 고기를 어느 정도 먹고 나면 생면과 곤약국수도 같이 넣어 익혀 먹는다.
   100g당 생면은 270kcal, 곤약국수는 15kcal이다. 생면만 100g 먹는 것보다 곤약국수를 반씩 섞어서 먹으면 칼로리를 확실히 낮출 수 있다. 곤약국수 특유의 냄새는 미리 데쳐서 찬물에 헹구면 없어진다.

 Lime's Tip

소스별 칼로리(2인분 레시피)

 폰즈소스 22kcal/1인분
간장 2큰술, 청주 1큰술, 다시물 1큰술, 레몬즙 1+1/2큰술, 다진 마늘 1작은술, 설탕 1/2큰술

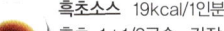 흑초소스 19kcal/1인분
흑초 1+1/2큰술, 간장 1/2큰술, 다시물 2작은술, 설탕 1작은술

 깨소스 31kcal/1인분
깨 간 것 1큰술, 일본 된장 1작은술, 식초 2작은술, 레몬즙 1작은술, 설탕 1작은술, 다시물 1작은술

112kcal
1인분

궁중의 맛 절미된장조치

절미된장조치는 궁중음식의 하나로, '조치'란 찌개를 뜻해요. 쇠고기를 넣어 되직하게 끓여서 구수하고 깊은 맛이 그만이랍니다. 밥에 넣어 슥슥 비벼 먹어도 맛있고, 쌈밥에는 빠질 수 없는 음식이죠.

Delicious Diet Recipe

Ready (4인분)

쇠고기 등심 100g, 표고버섯 2장(밑간: 국간장 1작은술, 다진 마늘 1작은술, 참기름 1작은술, 후추), 두부 100g, 애호박 1/3개, 양파 1/4개, 대파 1/2대, 풋고추·청양고추·홍고추 1개씩, 된장 2큰술, 고춧가루 1/2큰술, 멸치다시마 육수 | 만드는 방법은 35페이지 | 1+1/2컵

쇠고기와 표고버섯은 채 썰고, 두부·양파는 비슷한 크기로 네모나게 썰고, 애호박은 4등분해서 나박 썰기 하고, 대파·고추는 송송 썬다.

Cooking

1 쇠고기와 표고버섯은 밑간 양념으로 조물조물 버무린다.
2 뚝배기를 달군 후 밑간을 한 고기와 표고버섯, 고춧가루를 넣어 볶는다.
3 된장을 넣어 잠시 볶는다.
4 육수를 부어 끓이다가 두부, 애호박을 넣은 다음 불을 줄여 뭉근히 끓인다.
   작은 뚝배기에 담아 중탕으로 익히거나 약불에서 뭉근히 끓여야 제맛이 난다.
5 애호박이 살짝 익을 정도가 되면 양파, 대파, 고추를 넣어 잠시 끓이다가 불을 끈다.

쌈밥에 빠질 수 없는 밥도둑 강된장

일주일에 한 번 이상은 꼭 만들게 되는 인기 메뉴예요. 해물과 고기로 맛을 낸 강된장을 끓이는 날엔 여러 종류의 생쌈과 숙쌈이 식탁에 한 가득 올라옵니다. 좋아하는 쌈 채소를 실컷 먹는 날이지요.

Delicious Diet Recipe

Ready(4인분)

모시조개나 비단조개 1팩, 쇠고기 100g(밑간: 국간장 1작은술, 다진 마늘 1작은술, 참기름 1작은술, 후추), 마늘 2쪽, 양파 1/2개, 표고버섯 2개, 애호박 1/3개, 파 1/2대, 풋고추 1개, 청양고추 1개, 홍고추 1/2개, 참기름 1작은술, 조개 육수 1/2컵

된장 양념

된장 3큰술, 고추장 1/2큰술, 고춧가루 1/2큰술, 간장 1/2큰술, 청주 1/2큰술, 꿀 1작은술

조개는 3% 정도의 옅은 소금물에 하룻밤 담가 해감한다. 마늘은 저며 썰고, 양파 · 버섯 · 애호박은 0.5cm 크기의 주사위 모양으로 잘게 썬다. 대파와 고추는 송송 썬다. 쇠고기는 다지듯이 잘게 썰어서 밑간 양념에 조물조물 버무린다. 된장 양념은 섞어둔다.

 Cooking

1 물 1+1/2컵에 청주 2큰술과 조개를 넣은 후 입을 벌릴 때까지 끓인다. 체에 걸러 조개 육수를 받아두고, 조개는 살만 발라낸다.
2 뚝배기에 참기름을 두르고 마늘과 양파를 넣어 볶는다.
3 버섯, 애호박, 쇠고기를 넣어 볶는다.
4 조갯살과 된장 양념을 넣어 섞으면서 잠시 볶는다.
5 원하는 강된장의 농도에 맞춰서 조개 육수를 부어준다.
  된장과 고추장의 짜기와 되기에 맞춰서 육수를 1/2~1컵 정도 붓는다.
6 재료가 익도록 10분 정도 약불에서 뭉근히 끓이다가 파, 고추를 넣어 마무리한다.

조개 대신 새우, 오징어, 관자, 전복 등 다양한 해물을 넣어 강된장을 만들 수 있다. 쌈밥에 곁들여도 좋고 참나물, 돌나물, 부추, 달래 등으로 나물을 만들어 밥 위에 올린 다음 강된장을 넣어 비벼 먹어도 맛있다.

113kcal
1인분

탕평채를 닮은 김치찌개 태평초

태평초는 안동·영주 지방의 향토음식으로, 저칼로리인 메밀묵을 넣은 김치찌개예요. 보들보들하고 담백한 묵이 매콤한 김치찌개와 얼마나 잘 어울리는지 한 번 만들어 드시면 그 맛에 반할 거예요.

Delicious Diet Recipe

건강은 기본, 입맛까지 살려주는 코리안 스타일 _141

 Ready(4인분)

돼지고기 150g, 김치 1컵, 물 2+1/2컵, 청주 1큰술, 메밀묵 1/2모, 고춧가루 2작은술, 다진 마늘 1큰술, 후추 조금, 대파 2큰술, 양념 김치·달걀 지단·미나리·김채 약간씩

돼지고기와 김치는 먹기 좋은 크기로 썰고, 묵은 굵게 채 썬다. 마늘은 다지고 대파는 어슷 썬다.

 Cooking

1 전골냄비에 물을 담아 끓으면 돼지고기, 청주를 넣어 한소끔 끓인 후 김치를 넣고 고기가 익을 때까지 끓인다.
돼지고기는 원래 삼겹살을 쓰는데 칼로리를 줄이기 위해서는 목심이나 앞다리살 등 지방이 적은 부위를 사용한다.

2 고춧가루, 다진 마늘, 후추를 넣어 한소끔 더 끓인 후 묵을 넣고 부드러워질 때까지 끓인다.
메밀묵 외에 다른 묵을 활용해도 좋다.

3 어슷 썬 대파를 넣고 소금이나 새우젓으로 간을 맞춘 후 한소끔 끓여 마무리한다.
그대로 상에 올려도 좋지만 참기름, 설탕, 깨소금으로 양념한 김치, 달걀 지단, 미나리, 깻잎, 김채 등을 고명으로 얹어내면 맛도 모양도 먹음직스럽다.

묵은 수분 함량이 80% 이상이며, 100g당 약 40~60kcal로 다이어트에 매우 좋은 음식이다. 만들어진 묵을 사서 요리할 수도 있지만 각종 전분가루를 구입해서 집에서 직접 만들 수도 있다. 도토리가루, 청포가루, 메밀가루 등을 이용해서 가루 1컵, 찬물 6컵을 준비하여 섞은 후 서서히 끓이기 시작한다. 끓기 시작하면 양에 따라 5~10분간 약한 불에 더 끓여서 뜸을 들인 후 적당한 용기에 담아 자연 응고시키면 된다.

톡 쏘는 매력적인 맛 해물겨자채

해물겨자채는 칼로리가 낮은 채소와 해물로 만들기 때문에 칼로리 걱정 없이 푸짐하게 먹을 수 있어요. 겨자장은 기름이 전혀 들어가지 않아 칼로리는 낮으면서 조금만 넣어줘도 맛을 확실히 살려준답니다. 다른 샐러드에도 두루 응용해보세요.

193kcal 1인분

Delicious Diet Recipe

건강은 기본, 입맛까지 살려주는 코리안 스타일 _143

 Ready (2인분)

새우(대하) 2마리, 관자 1개, 갑오징어나 한치 1마리, 전복 1마리, 샤브샤브용 쇠고기 50g, 숙주 50g, 배 1/4개, 사과 1/4개, 오이 1/2개, 당근 1/4개, 밤 2개, 잣 1큰술

겨자장
갠 겨자 1큰술(겨자가루 1큰술, 미지근한 물 1/2큰술), 식초 2큰술, 설탕 1큰술, 꿀 1/2작은술, 배즙이나 매실청 1큰술, 간장 1/2작은술, 잣가루 1작은술, 소금 1/3작은술, 후추

새우는 깨끗이 씻은 후 내장을 제거하고, 관자는 힘줄·내장·얇은 막을 제거한다. 갑오징어는 껍질을 제거한 후 잔 칼집을 낸다. 전복은 솔로 닦아낸 후 내장과 이빨을 제거하고 잔 칼집을 넣어준다. 모든 채소와 과일은 1×4cm 크기로 썬다.

 Cooking

1 겨자가루는 미지근한 물에 갠 후 뜨거운 냄비에 엎어 매운맛이 나오도록 15~20분 정도 발효시킨다.
2 따뜻한 물을 부어 불렸다가 그 물을 버리고 나머지 양념을 넣어 겨자장| 만드는 방법은 40페이지 |을 만든다.
   불린 겨자에 액체 재료를 1큰술 정도 먼저 넣고 덩어리지지 않게 잘 풀어준 후 나머지 재료를 넣어 섞으면 만들기 편하다.
3 냄비에 물을 붓고 소금을 약간 넣어 끓인다. 청주 2큰술을 넣고 새우, 관자, 전복, 오징어, 쇠고기, 숙주 순으로 데친다.
   모든 재료는 금방 익기 때문에 샤브샤브처럼 담갔다 꺼내는 식으로 살짝 데친다. 오래 익히면 질겨서 맛이 없다.
4 익힌 해물을 채소와 비슷한 크기로 저며 썬다. 모든 재료를 그릇에 담고 겨자장을 넣어 버무린다.
5 해물겨자채를 그릇에 담고 여분의 잣을 뿌려낸다.

간단한 저수분요리 곤약잡채

당면 대신 곤약을 넣어 칼로리를 낮추고 영양과 맛을 고려한 저수분 요리법으로 만든 다이어트 잡채예요.
칼로리 부담이 적고 만들기도 간단해서 맛있는 잡채를 자주 해먹을 수 있는 비법이죠.

153kcal
1인분

Ready (4인분)

쇠고기 100g, 표고버섯 3장, 실곤약 150g, 당면 50g, 양파 1/2개, 시금치 100g, 당근 30g, 달걀 지단·참기름 약간씩

양념장
간장 3큰술, 설탕 1+1/2큰술, 청주 1큰술, 육수(물) 2큰술, 다진 파 1큰술, 다진 마늘 1/2큰술, 깨소금 1/2큰술, 참기름 1큰술, 소금 1/3작은술, 후추

모든 재료는 비슷한 크기로 채 썬다. 당면은 물에 담가 충분히 불리고, 실곤약은 끓는 물에 데친 후 찬물에 헹군다.

Cooking

1 양념장 재료를 미리 섞어둔다.
2 쇠고기와 표고버섯에 양념장 2큰술을 넣어 간이 배어들게 버무린 후 냄비 바닥에 펼쳐 깐다.
3 당면, 실곤약에 양념장 2큰술을 넣어 간이 배어들게 버무린 후 고기 위에 덮어 올린다.
   당면(342kcal/100g)을 줄이는 대신 곤약(6kcal/100g)의 양을 늘려주면 칼로리를 크게 낮출 수 있고, 당면과 섞여 있는 곤약은 맛도 비슷하게 느껴져 맛있게 먹을 수 있다.
4 채소에 나머지 양념을 넣어 살살 버무린 후 당면 위에 올려 담고 뚜껑을 덮어 불에 올린다. 센불에서 한소끔 끓으면 중불로 줄여 3분간 익히고, 다시 약불로 줄여 4분 정도 뜸을 들인다.
5 불을 끄고 잘 섞어준 후 달걀 지단, 참기름 몇 방울을 떨어뜨려 살짝 섞어 마무리한다. 맛을 보고 간이 모자라면 소금, 후추로 간한다.
   뚜껑을 열어보았을 때 물기가 냄비 바닥에 남아 있으면 잠시 볶듯이 조린다.

115kcal
1인분

몸에 좋은 마요리 단호박마전

건강식품인 마는 끈적거리는 식감 때문에 약간 꺼려지는데, 익히면 포슬포슬 부드러워져서 맛있게 먹을 수 있어요. 으깬 고구마나 단호박, 양념한 고기 등을 얹어서 굽거나 찌면 맛도 좋고 건강에도 좋아서 아이들 간식이나 반찬으로 정말 좋아요.

Delicious Diet Recipe

_147

 Ready(2인분)

마 100g, 단호박 익혀 으깬 것 50g, 호두 2쪽, 꿀 1작은술, 밀가루 2큰술, 달걀 1/2개, 포도씨유 1작은술, 소금, 후추

양념장
간장 1큰술, 식초·고춧가루·깨소금 1/2작은술씩

단호박은 익혀서 으깨고 호두는 잘게 다진다. 달걀은 소금으로 밑간을 하여 잘 풀어준다.

Cooking

1 단호박, 호두, 꿀을 잘 섞는다.
　단호박 대신 고구마를 넣어도 좋고 다진 닭고기, 쇠고기, 새우 등을 양념해 넣어도 잘 어울린다.
2 마는 껍질을 벗기고 0.5cm 두께로 썬 후 밀가루를 묻힌다.
3 한쪽 면에 단호박 섞은 것을 조금씩 얹어준다.
4 밀가루를 체에 밭쳐 단호박 위에 살살 뿌린 후 달걀옷을 입힌다.
5 프라이팬에 포도씨유를 두르고 마를 앞뒤로 노릇하게 구워준 다음 양념장을 곁들여낸다.

 Lime's Tip

마는 표면에 탄력이 있고 상처가 없으며 잘랐을 때 단면이 하얀 것을 선택한다. 손질할 때는 즙이 피부에 닿으면 가려움증을 일으킬 수 있으므로 장갑을 끼고 필러로 껍질을 벗긴다. 마는 금세 갈변하므로 식초물에 담가 조리 직전에 건져서 사용하도록 한다.

233kcal
1인분

상큼함과 고소함의 조화 쇠고기 찹쌀구이

찹쌀가루를 묻혀 구운 고소한 쇠고기에 채소를 넣고 말아서 상큼함을 더한 요리예요. 지방이 적은 쇠고기를 얇게 썰어 준비하고 다양한 채소를 듬뿍 넣어 만들면 영양적으로 균형을 맞출 수 있고 칼로리도 가벼워져요.

Delicious Diet Recipe

건강은 기본, 입맛까지 살려주는 코리안 스타일 _149

Ready(4인분)

쇠고기 300g(안심·채끝 등 얇게 썬 것), 양파 1/2개, 파프리카(빨강·노랑) 1/2개씩, 배 50g, 깻잎 10장, 실부추 30g, 새싹 채소 30g, 찹쌀가루 1/2컵

고기 재는 양념
간장 2큰술, 설탕 1큰술, 물 1큰술, 청주 1큰술, 다진 파 1큰술, 다진 마늘 1/2큰술, 참기름 1작은술, 깨소금 1/2작은술, 소금, 후추

겨자소스
갠 겨자 1큰술(겨자가루 1큰술, 미지근한 물 1/2큰술), 물 1큰술, 식초 2큰술, 설탕 1큰술, 꿀 1작은술, 간장 1/2작은술, 다진 마늘 1작은술, 잣가루나 깨소금 1작은술, 소금 1/2작은술

고기는 말기 좋게 안심·채끝 등을 얇게 썬 것으로 구입한다. 채소는 채 썬 후 찬물에 담가 아삭하게 준비한다. 배도 채 썬다.

Cooking

1 쇠고기는 한 장씩 펼쳐서 밀폐용기에 깔고, 양념을 뿌려준다. 고기와 양념을 층층이 잰 후 간이 배어들게 냉장고에 30분 정도 넣어둔다.
2 겨자가루를 미지근한 물에 갠 후 뜨거운 냄비 뚜껑 위에 엎어 매운맛이 나오도록 15~20분 정도 발효시킨다. 따뜻한 물을 부어 불렸다가 그 물을 버리고 나머지 양념을 넣어 겨자장｜만드는 방법은 40페이지｜을 만든다.
   불린 겨자에 액체 재료를 1큰술 정도 먼저 넣고 덩어리지지 않게 잘 풀어준 후 나머지 재료를 넣어 섞으면 만들기 편하다. 마지막에 참기름 몇 방울을 떨어뜨리면 고소한 맛이 더해진다.
3 쇠고기에 묻은 여분의 양념을 살짝 닦아내고 찹쌀가루를 묻힌다.
4 프라이팬에 기름을 약간 두르고 고기를 노릇하게 굽는다.
5 고기 위에 채소를 가지런히 올리고 겨자소스를 뿌린 후 말아준다.
6 쇠고기말이를 접시에 담고 소스를 곁들인다.

270kcal
1인분

소스가 필요 없는 겉절이 스테이크

기름기 없는 부드러운 안심 스테이크에 소스 대신 매콤달콤한 겉절이 샐러드와 상큼한 채소피클을 곁들여 칼로리와 지방 섭취를 크게 낮췄답니다. 한식 스타일로 재탄생한 건강한 스테이크를 맛보세요.

Delicious Diet Recipe

Ready(1인분)

스테이크용 안심 쇠고기 100g, 표고버섯 1개, 새송이버섯 1/2개, 모둠 채소피클 | 만드는 방법은 58페이지 | 60g, 샐러드용 채소 50g, 양파 1/6개

겉절이 양념
고춧가루 1작은술, 설탕 1작은술, 액젓 1/2작은술, 간장 1/2작은술, 다진 마늘 1/2작은술, 통깨 1/2작은술, 참기름 1/2작은술, 소금

버섯은 모양을 살려 도톰하게 썬다. 채 썬 양파와 샐러드용 채소는 찬물에 담가 아삭한 맛을 살린다.

Cooking

1 모둠 채소피클은 물기를 제거하고 채 썬다.
2 찬물에 담가두었던 샐러드용 채소와 채 썬 양파는 물기를 제거하고 겉절이 양념에 버무린다.
  먹기 직전에 양념에 버무려야 채소의 숨이 죽지 않아서 맛있다.
3 센불에서 팬을 달군 후 쇠고기를 올려 굽는다. 소금, 후추를 뿌려 간하고, 한 면이 다 구워지면 뒤집어 굽는다. 1인분을 만들 때는 팬 한쪽에 버섯을 함께 구우면 편하다. 버섯도 소금, 후추로 간하면서 센불에서 재빨리 구워낸다.
  프라이팬을 센불로 달군 후 고기와 버섯을 넣어 구우면 눌어붙지 않고 육즙도 그대로 살아 있어서 기름 없이도 재료의 풍미를 살려 맛있게 조리할 수 있다. 한 면이 다 익을 때까지 기다렸다가 한 번만 뒤집어 굽는다.
4 접시에 스테이크를 담고 피클을 올린다. 구운 버섯과 겉절이 샐러드를 곁들인다.
  스테이크를 담는 접시는 오븐 등을 이용해서 미리 따뜻하게 데워 준비한다. 먹는 동안 고기가 식지 않아서 끝까지 맛있게 먹을 수 있다.

120kcal
1인분

특별한 한상차림 병어감정과 궁중식 상추쌈

된장찌개인 절미된장조치와 고추장찌개인 병어감정을 되직하게 끓이고, 고기를 넣어 볶은 약고추장, 쇠고기를 윤기 나게 조린 장똑똑이, 고소한 새우볶음을 곁들여내는 궁중식 상추쌈 차림은 정말 맛있고 푸짐한 한상이에요. 특히 살만 발라내 부드럽게 조린 달콤한 병어감정은 보들보들한 상추쌈과 정말 잘 어울린답니다.

Delicious Diet Recipe

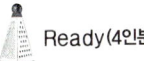

Ready (4인분)

상추, 로메인 레터스, 비트잎, 겨자잎, 치커리, 깻잎, 쑥갓, 쪽파 등의 다양한 쌈용 채소

병어감정
병어 1마리(300g), 다진 대파 2큰술, 다진 마늘 2쪽, 다진 생강 1/2작은술, 고추장 3큰술, 물 1/2컵, 꿀(또는 올리고당) 1작은술, 참기름·깨소금 약간씩

병어는 비늘, 지느러미, 머리와 내장을 제거하고 깨끗하게 씻는다. 대파, 마늘, 생강은 잘게 다진다.

Cooking

1 상추, 깻잎, 쪽파, 쑥갓 등의 쌈용 채소는 깨끗하게 씻은 후 물기를 제거해 담아놓는다.
2 병어는 살만 포를 떠서 1×3cm 크기로 썬다.
   생선을 구입할 때 살만 포를 떠달라고 하면 간편하게 요리할 수 있다.
3 냄비에 고추장과 물을 넣고 잘 개어서 끓이다가 병어를 넣어 잠시 조린다.
   자꾸 뒤적이면 생선살이 부서지니 양념장을 끼얹으면서 얌전히 조린다.
4 다진 대파, 마늘, 생강을 넣어 마저 조린다.
5 바특하게 조려지면 꿀, 깨소금, 참기름을 조금 떨어뜨려 섞는다. 상추쌈에 곁들여낸다.

궁중식 상추쌈 차림에 곁들이는 쌈장과 반찬

약고추장
42페이지

장똑똑이
46페이지

마른새우볶음
49페이지

절미된장조치
136페이지

270kcal
1인분

밥한그릇의 행복 해물톳밥

톳은 혈관을 깨끗하게 해주고 식이섬유와 칼슘, 철 등의 미네랄이 풍부한 저칼로리 웰빙 식재료예요. 꼬들꼬들 씹히는 맛이 있어 새콤하게 무치거나 고소하게 볶아도 맛있어요. 해물과 함께 넣어 영양만점 저칼로리 별미밥을 만들어보세요.

Delicious Diet Recipe

Ready(6인분)

쌀 2컵, 톳 100g, 홍합·새우·오징어·전복 등 해물 200g, 표고버섯 2장, 다진 파 1큰술, 다진 마늘 1/2큰술, 국간장 1큰술, 참기름 1작은술, 청주 1큰술, 멸치다시마 육수 | 만드는 방법은 35페이지 | 1+1/2컵

양념장
간장 3큰술, 고춧가루 1/2큰술, 다진 파 2큰술, 다진 마늘 1/2큰술, 깨소금 1큰술, 참기름 1큰술

쌀은 깨끗하게 씻어 30분 정도 불린다. 톳은 바락바락 주물러 씻어 여러 번 헹궈내고 먹기 좋은 길이로 자른다. 해물은 내장을 제거하고 깨끗하게 손질하여 먹기 좋은 크기로 썬다. 표고버섯은 모양을 살려 채 썬다. 파와 마늘은 다진다.

 Cooking

1 돌솥이나 뚝배기에 참기름을 두르고 다진 파, 다진 마늘을 넣어 볶다가 쌀, 버섯을 넣어 볶고 국간장으로 밑간을 한다.
2 톳과 해물을 넣어 볶다가 청주를 넣어 잡내를 날린다.
3 멸치다시마 육수를 재료가 잠길 만큼만 붓고 뚜껑을 덮어 밥을 짓는다.
4 한소끔 끓으면 중불 이하로 줄여 10분 정도 물이 잦아들 때까지 끓이고, 다시 약불로 줄여 5~10분 정도 뜸을 들인다.
  간을 해서 짓는 밥이어서 밑부분이 타기 쉬우니 불 조절에 주의한다.
5 양념간장을 곁들여 비벼 먹는다.

366kcal
1인분

양념장에 비벼 먹는 콩비지밥

두유를 만들고 남은 콩비지가 아까워 밥을 지을 때 넣어봤는데 너무 고소하고 맛있어서 우리집 인기 메뉴가 됐어요. 밥이 익는 순간부터 나는 구수하고 맛있는 냄새가 식욕을 한껏 자극한답니다. 먹는 양에 비해 칼로리는 낮고 영양소는 풍부해서 일석이조죠.

Delicious Diet Recipe

Ready (3인분)

콩비지 1컵(210g) 또는 불려서 익힌 콩 140g과 물 70ml, 쌀 1컵, 돼지고기 80g, 숙주 50g, 멸치다시마 육수 l 만드는 방법은 35페이지 l (또는 황태다시마 육수나 물) 1컵

돼지고기 양념

다진 파 1큰술, 다진 마늘 1/2작은술, 생강즙 1/2작은술, 청주 1큰술, 참기름 1/3작은술, 소금 1/4작은술, 후추 약간

비빔 양념장

간장 3큰술, 고춧가루 1/2큰술, 설탕 1작은술, 매실청 1큰술, 다진 마늘 1/2큰술, 송송 썬 쪽파 1/3컵, 다진 오이 1/3컵, 깨소금 1/2큰술, 참기름 1큰술

쌀은 씻어서 30분 이상 불리고, 돼지고기는 채 썬다. 숙주는 씻은 후 물기를 제거하고, 마늘, 파, 오이는 잘게 다진다. 쪽파는 송송 썬다.

 Cooking

1 돼지고기는 고기 양념에 조물조물 버무린 후 냄비에 넣어 볶는다.
2 쌀을 넣어 끈기가 생길 때까지 볶아준다.
3 육수를 부어주고 콩비지를 얹은 후 뚜껑을 덮어 끓인다.
   물을 넣어도 되지만, 황태다시마 육수나 멸치다시마 육수 등을 쓰면 맛이 더 깊어진다. 콩비지 대신 콩 70g(불려서 익히면 140g 정도 됨)을 불린 후 익혀서 물 70ml와 함께 갈아 만든 1컵의 걸쭉한 콩물 l 만드는 방법은 69페이지 l 을 넣어 줘도 된다.
4 끓어오르면 불을 중불 이하로 줄이고 10분 정도 익히다가 숙주를 얹는다.
   재료가 들어간 밥은 밑바닥이 타기 쉬우니 한 번 끓인 뒤 불을 약하게 해서 익혀준다. 숙주 대신 콩나물, 데친 시래기를 넣어도 맛있다.
5 약불로 줄여 5분 정도 뜸을 들인다.
   무쇠나 돌솥 등 압력이 가해지고 온기가 오래가는 그릇은 불을 끄고 잔열로 뜸을 들이면 바닥이 타지 않아서 좋다.
6 비빔 양념장을 곁들여 비벼 먹는다.
   오이를 다져넣으면 아삭하고 시원한 맛의 양념장이 만들어진다. 달래나 부추 등을 넣어 비빔장을 만들어도 잘 어울린다.

저칼로리 일본식 곤약무밥

무가 단맛이 도는 가을, 겨울에 지어 먹으면 맛있는 일본식 무밥이에요. 무, 당근, 곤약 등을 넣고 밥을 지어 맛이 좋으면서 칼로리는 낮아요. 소화를 돕고 다이어트에도 효과가 있답니다.

Delicious Diet Recipe

건강은 기본, 입맛까지 살려주는 코리안 스타일 _159

Ready (3인분)

두부 80g(간장·청주·맛술 1작은술씩, 설탕 1/2작은술), 무 50g, 당근 15g, 실곤약 50g, 쌀 1컵, 국간장·간장·청주 1작은술씩, 육수 1컵

비빔간장
간장 1큰술, 물 1큰술, 청주 1/2큰술, 깨소금 1/2큰술, 참기름 1/2큰술, 다진 피클 2큰술, 우메보시 1/2개, 부추(쪽파) 3줄기

쌀은 씻어 30분 정도 불리고, 실곤약은 미리 데쳐 찬물에 헹군 후 2~3cm 길이로 썬다. 두부는 1cm 두께로 슬라이스한 후 소금, 후추를 약간 뿌려 밑간하고, 무와 당근은 얇게 채 썬다. 육수는 멸치다시마 육수나 쇠고기 육수, 닭 육수를 준비한다. | 만드는 방법은 35~38페이지 |.

Cooking

1 두부는 1cm 크기의 주사위 모양으로 썬 뒤 팬에 노릇하게 굽는다. 간장, 청주, 맛술, 설탕을 넣고 간이 배어들게 조린다.
   두부 대신 유부나 삶은 닭가슴살, 스크램블한 달걀 등을 넣어도 잘 어울린다.

2 쌀에 두부, 무, 당근, 실곤약을 넣고 섞어 냄비에 담는다.
   무청을 파릇하고 부드럽게 데쳐서 넣어도 색이 예쁘고 맛있다.

3 육수에 국간장, 간장, 청주를 넣어 밑간을 한 후 쌀에 붓고 불에 올려 뚜껑을 덮어 끓인다.
   육수는 내용물이 자작하게 잠길 정도만 부어준다. 무에서 수분이 나오므로 보통 쌀밥보다 물을 적게 잡아야 한다.

4 한소끔 끓이면 중불 이하로 줄여 10분간 익힌다. 물이 자작해지면 약불로 줄여 5분 정도 뜸을 들인다.
   간장으로 밑간이 된 밥은 밑바닥이 타기 쉬우니 불 조절에 주의한다.

5 비빔간장을 곁들여낸다.
   일본식 무밥이어서 일본식 건강 식재료인 우메보시를 넣어 비빔간장을 만들었는데, 낯설어서 꺼려지는 분들은 일반 양념간장| 만드는 방법은 41페이지 |을 만들어도 좋다.

Lime's Tip

우메보시(일본식 매실절임)
우리나라의 김치처럼 일본인에게 사랑 받는 밑반찬. 알칼리성 건강식품으로 소화촉진, 살균작용, 정장작용, 피로회복, 노화방지 등에 효과가 있다. 잘게 다져서 멸치볶음, 구운 김, 참기름, 깨소금과 함께 주먹밥을 만들면 맛있다.

114kcal
1인분

포만감을 주는 도토리묵밥

대표적인 저칼로리 식품인 묵을 맛있게 우려낸 육수에 말아 먹는 음식이에요. 밥을 말아 먹어도 되는데 묵이 포만감을 주기 때문에 밥 양은 그만큼 줄어들죠. 배고픈 다이어트가 힘드신 분들에게 권해드리고 싶어요.

Delicious Diet Recipe

Ready (4인분)

도토리묵 1모, 애호박 1/3개, 양파 1/2개, 달걀 1개, 채 썬 김 조금, 김치 150g(양념: 설탕·참기름·통깨 1작은술씩), 무 100g(양념: 식초 1큰술, 설탕 1작은술, 고춧가루 2작은술, 소금 1/4작은술, 통깨 1작은술), 쇠고기 육수 | 만드는 방법은 36페이지 | (또는 멸치다시마 육수 | 만드는 방법은 35페이지 |) 4컵

도토리묵은 묵칼로 채 썬다. 양파, 무는 채 썰고, 애호박은 채 썰거나 반달썰기를 한다.

Cooking

1 묵은 끓는 물에 살짝 데쳐서 부드럽게 한 후 찬물에 씻어 체에 밭친다.
2 무에 고춧가루, 소금을 넣고 버무려 고춧물을 들인 후 식초, 설탕, 통깨를 넣어 무친다.
  미리 만들어 절여놓으면 양념이 배어들어 맛있다.
3 애호박과 양파는 기름을 약간 두른 팬에 볶아 소금, 후추로 간한다.
4 김치는 물기를 짠 후 송송 썰어 양념에 무친다. 달걀은 지단을 만들어 채 썰고, 김도 채 썰어 준비한다.
  양지머리로 육수를 냈을 때는 삶은 양지머리를 채 썰고 소금, 후추, 참기름으로 양념하여 고명으로 준비한다.
5 그릇에 묵을 담고 양념 김치, 볶은 채소, 달걀 지단 등의 고명을 얹은 후 국간장과 소금으로 밑간을 한 육수를 부어준다.
  묵과 함께 밥을 반 공기 정도 곁들여낼 때는 양념간장 | 만드는 방법은 41페이지 | 을 첨가해 간을 맞출 수 있도록 함께 준비한다.

여름에는 육수를 살얼음이 끼게 얼리거나 시원하게 하여 묵냉채로도 즐길 수 있는데 오이, 당근, 깻잎 등 생야채를 고명으로 얹어내면 잘 어울린다.

266kcal 1인분

채소 듬뿍 묵비빔밥

묵은 100g당 열량이 50kcal 정도인 칼로리가 낮은 대표적인 다이어트 식품이에요. 아삭하게 씹히는 채소와 고소한 달걀 지단, 김채를 넣고 비벼 먹는 묵비빔밥은 든든하면서도 맛있는 저칼로리 메뉴지요. 흰밥 대신 현미, 콩, 팥 등을 넣은 영양잡곡밥을 지어 만들면 더 맛있고 건강에도 좋답니다.

Delicious Diet Recipe

 Ready(1인분)

묵 1/4모, 양파·적채·당근·오이·깻잎 등 채 썬 채소 2큰술씩, 달걀 지단·구운 김채 약간씩, 밥 1/2공기, 참기름 1작은술, 깨소금 약간, 약고추장 | 만드는 방법은 42페이지 | (또는 초고추장이나 양념간장 | 만드는 방법은 41페이지 |) 약간

묵은 묵칼로 채 썰고 채소는 깨끗하게 씻어 준비한다. 양배추, 양상추, 돌나물, 새싹 채소, 어린잎 채소, 배, 참외 등의 채소와 과일을 준비해도 잘 어울린다.

 Cooking

1 묵은 끓는 물에 살짝 데쳐 부드럽게 한 후 체에 밭쳐 찬물에 헹군다.
2 적채와 양파는 채 썬 후 찬물에 담근다.
3 당근, 오이, 깻잎도 얇게 채 썬다.
4 달걀은 프라이하거나 지단으로 부쳐 채 썰고 구운 김도 채 썬다.
5 그릇에 밥 반 공기와 묵을 담는다.
6 채 썬 채소와 구운 김채, 달걀 지단을 얹고 참기름 1작은술, 깨소금을 뿌린다. 입맛에 따라 약고추장, 초고추장 또는 양념간장을 곁들여 비빈다.

205kcal
1인분

건강한 바다의 맛 해초비빔밥

해초는 비타민, 무기질이 풍부한 알칼리성 식품으로 건강과 다이어트, 체질 개선에 도움을 주는 식재료예요. 산성 식품인 고기에 곁들여도 좋고 해물, 채소와 함께 비빔밥을 만들어도 맛있어요.

Delicious Diet Recipe

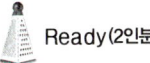 Ready(2인분)

새우 2마리, 오징어 1/2마리, 날치알 2큰술, 모둠 해초 50g, 어린잎 채소 20g, 새싹 채소 20g, 밥 1+1/3공기, 초고추장 | 만드는 방법은 41페이지 |, 참기름

새우는 씻고, 오징어는 껍질과 내장을 제거한 후 잔 칼집을 주고 1cm 너비로 자른다. 모둠 해초는 씻은 후 찬물에 담가 소금기를 뺀다. 채소는 씻어서 물기를 제거한다.

 Cooking

1 모둠 해초는 끓는 물에 살짝 데친 후 찬물에 헹군다.
  소금에 절여놓은 모둠 해초를 구입했을 때는 깨끗이 씻어 물에 담가 소금기를 빼고 끓는 물에 넣었다가 바로 건지는 식으로 데친 후 찬물에 헹군다. 조미되어 판매하는 모둠 해초를 구입했을 때는 그대로 쓰면 된다.
2 끓는 물에 청주 1큰술을 넣고 새우와 오징어를 넣어 데친다. 익힌 새우는 머리 부분과 껍질을 제거하고 먹기 좋은 크기로 썬다.
  해물은 오래 익히면 질겨지니 잠시 담갔다가 꺼내는 식으로 데친다.
3 따뜻한 밥 위에 해초와 채소를 담는다.
4 익힌 해물과 날치알을 얹고 초고추장과 참기름을 취향대로 넣어 비빌 수 있도록 곁들여 낸다.

박진영의 비빔밥 다이어트

가수 박진영은 탄탄한 근육질의 몸을 만들기 위해 비빔밥에서 밥을 덜어내고 고명만을 섞어 먹는 비빔밥 다이어트를 했다고 해요. 샐러드처럼 가볍게 먹으면서도 밥을 챙겨 먹은 듯한 포만감을 주는 건강 다이어트 식단으로 추천하고 싶어요. 레시피는 말린 나물, 생채, 숙채, 볶음나물, 겉절이 등의 다양한 종류를 설명했는데, 이 중 두세 가지만 넣어도 맛있는 비빔밥을 만들 수 있어요.

240kcal 1인분

건강은 기본, 입맛까지 살려주는 코리안 스타일 _167

 Ready (4인분)

말린 고사리 25g, 말린 취나물 25g, 참나물 100g, 미나리 50g, 무 150g, 쇠고기 150g, 표고버섯 3개, 애호박 1/2개, 달걀 1개, 새싹 채소 조금, 밥 2공기, 약고추장 | 만드는 방법은 42페이지 | 2큰술, 다시마 튀각이나 구운 김채 약간씩

고사리, 취나물 각각의 양념 국간장 1+1/2작은술, 다진 파 1작은술, 다진 마늘 1/2작은술, 깨소금 1/2작은술, 참기름 1작은술, 육수 3/4컵, 소금 약간 **참나물 양념** 된장 1작은술, 다진 파 1작은술, 다진 마늘 1/2작은술, 통깨 1작은술, 참기름 1작은술, 소금 약간 **미나리 양념** 간장 1작은술, 고춧가루 1작은술, 다진 파 1작은술, 다진 마늘 1/2작은술, 설탕 1/2작은술, 식초 1/4작은술, 깨소금 1/4작은술, 참기름 1/4작은술 **무 양념** 고춧가루 1작은술, 소금 1/3작은술, 설탕 2작은술, 식초 2작은술, 다진 마늘 1/2작은술, 깨소금 1/2작은술 **쇠고기, 표고버섯 전체 양념** 간장 1+1/2큰술, 다진 파 1+1/2큰술, 다진 마늘 2작은술, 설탕 2작은술, 청주 1작은술, 참기름 1작은술, 소금, 후추

고사리, 취나물 등의 말린 나물 종류는 물에 여러 번 씻은 후 물에 담가 충분히 불린다. 참나물, 미나리는 다듬어 씻고 무, 쇠고기, 표고버섯, 애호박은 채 썬다. 육수는 멸치다시마 육수 | 만드는 방법은 35페이지 | 로 준비한다.

 Cooking

1 고사리, 취나물은 끓는 물에 넣어 부드러워지게 충분히 삶는다. 찬물에 여러 번 헹군 후 물기를 꽉 짠다. 먹기 좋은 크기로 썰고, 육수를 제외한 양념 재료를 넣어 조물조물 무친다. 냄비에 넣어 볶다가 육수를 부어 뚜껑을 덮고 부드러워지게 약불에서 익힌다. 간이 모자라면 소금간을 하고 깨소금을 뿌린다.
 레시피의 양념은 고사리, 취나물 전체의 양이 아니라 각각의 양이다. 말린 나물은 말려진 정도에 따라 불리는 시간과 삶는 시간을 조절한다. 취나물보다 고사리가 불리는 시간이나 삶는 시간이 더 많이 걸린다.

2 채 썬 무에 고춧가루, 소금을 넣어 고춧물이 들게 버무려 섞은 후 나머지 양념 재료를 넣어 조물조물 무쳐서 양념이 배어들게 냉장고에 넣어둔다.
 무생채는 맛이 배어들게 미리 양념해서 냉장고에 넣어두면 좋다.

3 참나물은 끓는 물에 소금을 넣어 선명한 녹색이 되게 살짝 데친 후 찬물에 씻어 헹군다. 물기를 짜고 먹기 좋은 크기로 썬 후 양념에 버무린다. 미나리는 먹기 좋은 크기로 썬 후 양념을 넣어 겉절이처럼 무친다.
 부드러운 한재 미나리가 생채로 적당하다. 생채로 무치는 것이므로 먹기 직전에 바로 무쳐야 숨이 죽지 않아서 맛있게 먹을 수 있다.

4 고기와 버섯 양념장 재료를 잘 섞은 후 표고버섯에 1+1/2큰술, 쇠고기에 나머지를 넣어 버무린다. 달군 프라이팬에 따로 볶아 익힌다.

5 달걀은 흰자와 노른자로 나눠서 소금간을 하고 지단으로 부쳐 채 썬다.

6 애호박은 기름을 약간 두른 팬에 볶은 후 소금, 후추로 간한다.

7 밥 1/2공기에 나물과 새싹 채소를 올려 담은 후 볶은 고기, 달걀 지단, 다시마 튀각, 구운 김채 등을 고명으로 곁들이고 약고추장이나 초고추장 | 만드는 방법은 41페이지 | 을 넣어 비빈다.
 밥 양이 보통 비빔밥보다 적으므로 고추장을 조금 넣거나 아예 생략해도 좋다. 짜게 먹는 건 다이어트에 도움이 되지 않는다.

316kcal
1인분

밥양을 줄인 스테이크 비빔밥

달콤한 불고기 양념액에 재운 쇠고기 스테이크와 수삼, 버섯, 신선한 채소가 어우러져 손님 초대요리로 내놓아도 손색이 없는 근사한 메뉴예요. 채소가 듬뿍 들어간 만큼 밥 양을 반으로 줄여도 든든하게 느껴지는 맛있는 다이어트 비빔밥이랍니다.

Delicious Diet Recipe

Ready (4인분)

스테이크용 쇠고기(안심·등심 등) 300g, 돌나물 50g, 느타리버섯 60g, 수삼 1뿌리, 새싹 채소와 어린잎 채소 60g, 구운 김채·오이채 약간씩, 밥 2공기, 약고추장 I 만드는 방법은 42페이지 I (또는 초고추장 I 만드는 방법은 41페이지 I)

쇠고기 마리네이드 액

간장 3큰술, 설탕 1큰술, 물엿 1/2큰술, 물 1+1/2큰술, 맛술(미림) 1/2큰술, 청주 1/2큰술, 마늘 4쪽, 대파 1+1/2큰술, 양파 2큰술, 생강 조금, 사과즙 2큰술, 배즙 2큰술, 소금 1/2작은술, 깨소금 1/2작은술, 참기름 1/2작은술

버섯은 잘게 찢고 수삼은 가늘게 채 썬다. 채소는 깨끗하게 씻은 후 물기를 제거한다.

Cooking

1. 쇠고기 마리네이드 액을 잘 섞어 준비한다.
2. 두툼한 스테이크용 쇠고기를 마리네이드 액에 담가 냉장고에서 하루나 이틀 정도 숙성시킨다.
3. 버섯은 기름을 약간 두른 팬에 볶은 후 소금, 후추로 간한다.
4. 쇠고기에 묻은 양념을 살짝 닦아낸 후 숯불이나 달군 팬에서 굽는다.
5. 쇠고기를 한 김 식히고 먹기 편한 크기로 슬라이스한다.
6. 밥을 담고 돌나물, 버섯, 오이채, 수삼채, 쇠고기 스테이크, 어린잎 채소, 새싹 채소, 김채 순으로 보기 좋게 올려 담은 후 깨소금, 참기름을 약간 뿌려준다. 약고추장이나 초고추장을 곁들여낸다.

Chapter 04

스타일리시한 유러피언 웰빙 식탁

칼로리 걱정 없이 우아하게 즐기자, 지중해 스타일

| 칼로리가 낮아 더욱 맛있는 럭셔리 만찬 | 골고루 맛있게 먹는 식사는 항상 즐겁고 행복해요. 그런데 다이어트한다고 해서 무조건 채소와 과일만 먹는다면 금세 질려버리고 말겠죠? 적어도 일주일에 한 번 정도는 유러피언 스타일로 우아하게 즐겨보세요. 생각보다 그리 부담스럽지 않아요.
사실 레스토랑의 음식들은 칼로리가 정말 높아요. 다이어트할 때 피해야 할 첫 번째 음식이죠. 하지만 집에서 재료와 조리법을 살짝 바꾸어 요리하면 칼로리 걱정 없는 자신만의 웰빙 식탁을 멋지게 차릴 수 있답니다. 채소를 굽는다든지, 해물을 사용한다든지, 살코기만 사용한다든지, 칼로리 높은 식재료를 피한다든지 하여 충분히 맛있게 즐길 수 있어요. 자, 오늘은 지중해로 떠나볼까요?

럭셔리 감자수프

손님 상차림에 전채요리로도 좋고, 여유로운 주말 아침의 메뉴로도
잘 어울리는 감자수프예요. 겉으로 보기엔 평범하지만 수프 속에
맛있는 재료가 선물처럼 숨어 있어서 먹는 재미가 있답니다.

Delicious Diet Recipe

칼로리 걱정 없이 우아하게 즐기자, 지중해 스타일 _175

Ready(4인분)

관자 1마리, 마늘 1쪽, 표고버섯 2개, 양송이버섯 4개, 모차렐라치즈 20g, 달걀 4개, 감자칩, 베이컨칩, 파슬리 등

감자수프
감자 2개, 닭 육수ㅣ만드는 방법은 38페이지ㅣ 1+1/2컵, 우유 1+1/2컵, 소금, 후추

관자는 힘줄과 얇은 막, 내장을 제거한다. 마늘은 다지고, 버섯은 모양을 살려 채 썬다. 감자는 껍질을 벗겨 찬물에 담근다.

Cooking

1 관자는 소금, 후추, 올리브유, 파슬리나 실부추를 조금씩 뿌려 밑간을 한 후 다른 재료가 준비될 때까지 냉장고에 넣어둔다.
2 팬에 오일을 약간 두른 다음 다진 마늘, 버섯을 넣어 볶고 소금, 후추로 간한다.
3 감자는 얇게 썰고 냄비에 감자, 닭 육수를 부어 감자가 부드럽게 익도록 5분 정도 끓인다.
4 우유를 첨가하여 믹서기에 곱게 간 후 한 번 더 끓여주고 소금, 후추로 간한다. 건더기가 있는 수프이므로 농도는 일반 수프보다 묽게 맞춘다.
5 관자는 프라이팬에서 구워 익힌 후 0.5cm 크기의 주사위 모양으로 썬다.
6 약하게 보글거리는 끓는 물에 소금, 식초를 약간 떨어뜨린다. 한 방향으로 휘저어 물살을 만든 후 달걀을 깨뜨려 넣고 그대로 익혀 수란을 완성한다. 노른자가 약간 덜 익은 반숙 상태가 적당하다.
7 수프 볼에 수란, 관자, 볶은 버섯, 치즈 약간씩을 담는다.
8 따뜻한 수프를 담고 감자칩, 베이컨칩, 파슬리 등을 뿌려 장식한다.

Lime's Tip

관자 대신 샤브샤브용 쇠고기를 데쳐 넣거나 흰살 생선, 새우, 킹크랩 등을 구워서 사용해도 된다. 간단하게 수란만 넣어도 부드럽고 담백한 맛을 느낄 수 있다.

68kcal
1인분

프로방스식 토마토 오븐구이

고소하게 구워진 마늘 맛 크러스트와 부드럽게 익은 달콤한 토마토, 파슬리나 바질 등의 허브 향이 정말 잘 어울리는 토마토 요리예요. 따뜻한 전채로도 좋고, 메인 요리에 가니쉬로 곁들여도 요리를 한결 돋보이게 해준답니다.

Delicious Diet Recipe

칼로리 걱정 없이 우아하게 즐기자, 지중해 스타일 _177

 Ready(3인분)

빨갛게 잘 익은 토마토 3개, 식빵이나 바게트 40g, 마늘 2쪽, 파슬리 3g, 올리브유 1작은술, 소금, 후추, 말린 바질이나 파슬리

마늘, 파슬리는 잘게 다진다. 토마토는 빨갛고 부드럽게 잘 익은 것으로 깨끗이 씻어 준비한다.

 Cooking

1 토마토를 반으로 잘라 씨와 즙을 제거한 뒤 그릇처럼 만든다.
2 빵, 마늘, 파슬리, 올리브유를 푸드 프로세서나 믹서기에 넣어 간다. 소금, 후추로 간한다.
3 토마토를 오븐 그릇에 담고 소금, 후추, 말린 바질이나 파슬리를 약간 뿌려 밑간을 한다.
4 토마토 안에 2의 허브 빵가루를 채워 담는다. 누르지 말고 가볍고 소복하게 채운다.
5 170도로 예열한 오븐에서 18분 정도 굽다가 200도로 올려 3~4분 정도 더 구워 노릇노릇 색을 낸다.

약간 식혀서 따뜻할 때 먹거나 차갑게 먹어도 맛있다. 한 개씩 개인접시에 덜어 토마토 살과 함께 숟가락으로 떠 먹는다.

토마토는 몸에 좋은 영양성분이 많은 대신 칼로리와 당도는 낮은 식품이다. 먹었을 때 포만감을 주며, 몸에 지방이 쌓이는 것도 막아준다. 또한 거칠어진 피부를 매끄럽게 하고 피부노화도 억제시킨다. 토마토는 그냥 먹어도 좋지만 간단하게 요리해서 먹기에 좋은 채소다.

320kcal
1인분

마늘빵과 함께 채소 브루스케타

브루스케타(bruschetta)는 마늘 향을 내어 구운 빵 위에 각종 재료를 올려 먹는 이탈리아의 애피타이저예요. 맛있고 만들기도 쉬워서 가벼운 식사나 간식으로 좋아요. 다양한 채소를 구워서 마늘 바게트와 함께 곁들이면 담백한 맛이 잘 어울려 꽤 많은 채소를 드실 수 있답니다.

Delicious Diet Recipe

Ready (1인분)

가지 1/2개, 새송이버섯 1개, 표고버섯 1개, 애호박 1/3개, 아스파라거스 2개, 토마토 1/2개, 올리브유 1큰술, 소금·후추·파슬리·발사믹 리덕션 l 만드는 방법은 53페이지 l 약간씩

마늘 바게트
바게트빵 2조각, 올리브유 1작은술, 마늘 1/2쪽, 파슬리 1/2작은술, 소금 약간

아스파라거스는 비늘 모양처럼 나와 있는 부분을 필러로 제거하고 단단한 밑동을 잘라낸 후 6cm 길이로 썬다. 나머지 채소는 1cm 두께로 썰고 토마토는 웨지 모양으로 썬다. 바게트는 1cm 두께로 썰고, 올리브유에 얇게 저민 마늘을 담가놓아 마늘 향이 우러나게 한다.

 Cooking

1 채소를 볼에 담고 올리브유 1큰술, 파슬리·소금·후추를 조금씩 뿌려 버무린다.
　채소를 얇게 썰면 굽고 나서 너무 얇아지므로 1cm 정도로 도톰하게 썬다.
2 달군 팬에 채소를 올려 노릇하게 굽는다.
3 토마토는 올리브유, 파슬리, 소금, 후추를 조금씩 뿌려 버무린다.
4 빵 단면에 반으로 자른 마늘을 문질러 마늘 향이 배어들게 한다. 올리브유, 파슬리, 소금 약간을 섞어 빵에 발라준다.
　올리브유를 쓰면 담백하고, 올리브유 대신 버터를 쓰면 고소하고 깊은 맛이 난다. 버터를 쓸 경우에는 전자레인지에 넣어 30초 정도 녹인 후 파슬리, 소금을 넣어 섞어준다.
5 바게트를 달군 팬에 노릇하게 굽는다.
　많은 양의 마늘빵을 만들 때는 180~200도의 오븐에서 5~6분간 노릇해지게 구우면 편리하다.
6 구운 채소를 담고 발사믹 리덕션을 뿌려준다. 마늘 바게트를 곁들여 구운 채소를 올려 먹는다.

속을 채운 가지구이

고기나 해산물, 채소, 치즈 등 다양한 재료로 가지의 속을 채워 오븐에 구우면 영양만점인 맛있는 가지구이를 만들 수 있어요. 칼로리가 낮고 단백질, 무기질, 비타민, 섬유소 등을 고루 섭취할 수 있어 건강과 다이어트에 도움을 주는 채소요리예요.

129kcal
1인분

Delicious Diet Recipe

Ready (2인분)

가지 2개, 쇠고기 50g, 토마토 1개, 다진 사과 2큰술, 다진 마늘 1/2작은술, 다진 양파 2큰술, 올리브유 1/2큰술, 레드와인 1큰술, 빵가루 2큰술, 모차렐라치즈 2큰술, 소금·후추·파슬리 약간씩

토마토는 껍질을 벗긴 후 씨를 제거하고 다진다. 쇠고기, 사과, 마늘, 양파도 다져서 준비한다.

Cooking

1 가지의 껍질을 0.5cm 정도 남기고 속을 파낸다. 가지에 소금을 약간 뿌려 밑간을 하고 파낸 가지 속은 다진다.
2 프라이팬에 오일을 두르고 다진 양파, 마늘을 넣어 볶다가 쇠고기를 넣어 살짝 볶은 후 소금, 후추로 밑간을 한다.
3 다진 가지를 넣어 볶는다.
4 다진 사과와 토마토, 레드와인을 넣어 볶은 후 수분이 완전히 없어질 때까지 조린다. 소금, 후추로 간한다.
5 가지에 고인 물기를 닦아내고 4의 속 재료를 채워 담는다. 빵가루와 모차렐라치즈를 뿌려 준 후 180~200도의 오븐에서 15분 정도 굽는다.
6 오븐에서 꺼낸 가지를 접시에 담고 파슬리를 뿌린다.

피자처럼 즐기는 아스파라거스 치즈구이

감자와 고구마를 피자 도우처럼 깔고 표고버섯, 아스파라거스, 치즈를 토핑으로 올려 만든 채소요리예요. 피자가 생각날 때 좋아하는 채소를 활용해서 간단하게 만들어 먹을 수 있어요.

215kcal 1인분

칼로리 걱정 없이 우아하게 즐기자, 지중해 스타일  _183

 Ready(1인분)

아스파라거스 3개, 감자 1/2개, 고구마 1/2개, 표고버섯 1개, 방울토마토 3개, 모차렐라·에담·고다 등의 치즈 30g, 토마토소스 | 만드는 방법은 51페이지 | 1큰술

감자, 고구마, 표고버섯, 치즈는 비슷한 두께로 얇게 썬다. 토마토는 반으로 가른다.

 Cooking

1 아스파라거스는 단단한 밑둥은 잘라내고, 비늘처럼 나와 있는 부분을 필러로 제거한다. 끓는 물에 소금을 조금 넣어 녹색이 선명해지고 부드러워질 때까지 데친 후 찬물에 헹궈 식힌다.
2 오일을 약간 두른 팬에 감자, 고구마, 버섯, 토마토를 굽는다. 소금, 후추로 밑간을 한다.
3 접시나 오븐용 그릇에 구운 감자, 고구마를 깔고 토마토소스를 얇게 바른 후 표고버섯과 토마토를 얹는다.
4 아스파라거스를 얹는다.
5 치즈를 얹는다.
   1인용이 아닌 큰 사이즈로 만들 때는 감자, 고구마를 피자 도우처럼 동그랗게 돌려 깔고 그 위에 토마토소스를 바른 후 표고버섯, 토마토, 아스파라거스를 토핑으로 올리고 피자치즈를 뿌려 오븐에서 치즈가 녹을 때까지 굽는다.
6 200도의 오븐에서 치즈가 녹을 때까지 구운 다음 토마토소스를 곁들여낸다.
   간단하게 전자레인지에 넣어 치즈가 녹을 때까지 돌려줘도 된다.

339kcal
1인분

지중해식 오픈 샌드위치 해물 타르틴

타르틴은 구운 빵 위에 조리한 재료를 올려 담아 포크와 나이프로 썰어 먹는 음식이에요. 내용물이 푸짐한 오픈 샌드위치라고 할 수 있죠. 빵 양은 반으로 줄고, 고기나 해산물, 채소, 샐러드가 푸짐하게 더해져서 다이어트에 도움이 되는 메뉴랍니다.

Delicious Diet Recipe

칼로리 걱정 없이 우아하게 즐기자, 지중해 스타일 _185

 Ready (1인분)

타이거새우 2마리, 관자 1/2개, 갑오징어나 한치 1마리, 양파 1/4개, 마늘 1쪽, 양송이버섯 2개, 토마토 1/4개, 녹색·빨강·노랑 파프리카 20g씩, 올리브 2개, 화이트와인 1큰술, 간장 1작은술, 두유 3큰술, 실부추·소금·후추 약간씩, 바게트 또는 유럽빵 1쪽, 샐러드 채소 35g, 올리브유 1/2작은술, 발사믹 리덕션 | 만드는 방법은 53페이지 | 2작은술

새우는 껍질과 내장을 제거하고 관자는 힘줄과 얇은 막을 제거한다. 오징어는 내장을 제거하고 껍질을 벗긴다. 양파, 파프리카는 2×2cm 크기로 썰고, 토마토는 웨지 모양으로 썬다. 버섯, 올리브는 모양을 살려 얇게 썰고 마늘은 편 썬다.

 Cooking

1 새우는 길이로 2등분하고, 관자도 비슷한 크기로 썬다. 오징어는 링 모양을 살려 썬다.
2 팬에 오일을 약간 두르고 마늘을 넣어 향이 나게 볶다가 나머지 채소를 넣어 볶는다. 해물을 넣은 다음 와인을 넣어 향을 날린다.
    토마토 대신 방울토마토를 쓸 때에는 큰 것으로 3개 정도 준비해서 반으로 가른 후 넣는다.
3 해물이 어느 정도 익으면 간장, 두유를 넣어 잠시 조린다. 소금, 후추로 간하고 다진 실부추를 뿌린다.
4 빵을 따뜻하게 구워서 접시에 담는다
    빵 크기에 따라 1~2쪽을 굽는다.
5 익힌 재료를 빵 위에 올리고 발사믹 리덕션 1작은술을 뿌린다.
6 샐러드 채소를 얹은 후 소금, 후추를 약간 뿌려 밑간하고 발사믹 리덕션 1작은술, 올리브유 1/2작은술을 모양내서 뿌린다.

155kcal
1인분

부드럽고 고소한 피시케이크

생선과 감자로 만든 크로켓과 비슷한 음식으로, 마치 케이크를 먹는 듯 부드러워요. 밀가루, 달걀옷, 빵가루를 묻혀 굽거나 튀기는데 감자채를 묻혀 구워서 담백한 맛을 살려봤어요.

Delicious Diet Recipe

 Ready (4인분)

대구살 200g, 감자(중간 크기) 2개, 달걀 1/3개, 밀가루 1큰술, 쪽파 2~3줄기, 소금, 후추, 과일·샐러드 채소·발사믹 리덕션 | 만드는 방법은 53페이지 | · 올리브유 약간씩

크림치즈소스
크림치즈 3큰술, 다진 마늘 1쪽, 닭 육수 | 만드는 방법은 38페이지 | 1/2컵, 소금, 후추

대구는 살만 포를 떠서 준비한다. 쪽파는 깨끗이 씻는다.

 Cooking

1. 냄비에 대구를 담고 잠길 정도의 우유를 부어 끓인다. 두께에 따라 다르지만 3분 정도면 부드럽게 익는다.
2. 감자 1개(150g 정도)는 얄팍하게 썰어 감자가 잠길 정도의 물을 붓고 끓여 익힌다. 5분 정도 끓이면 감자가 부드럽게 익는다.
3. 남은 감자 1개는 얇게 채 썰어 물에 담가둔다.
4. 대구살, 익힌 감자, 달걀, 밀가루, 송송 썬 쪽파, 소금, 후추를 넣어 으깨면서 섞는다.
5. 6cm 크기로 동글납작하게 빚거나 몰드에 담고 눌러서 모양을 잡는다. 겉면에 밀가루를 솔솔 뿌려 묻힌다.
6. 채 썬 감자는 물기를 제거한 다음 피시케이크 반죽 겉면에 붙인다. 기름을 두른 팬에 겉면이 노릇해지게 굽는다.

   밀가루, 달걀옷, 빵가루 순으로 묻혀 굽거나 튀겨도 된다.

7. 팬에 기름을 약간 둘러 다진 마늘을 향이 나게 볶다가 닭 육수를 부어 끓인다. 크림치즈를 넣어 부드럽게 녹이면서 소스 농도를 조절한다. 소금, 후추로 간한다.
8. 접시에 피시케이크를 담고 크림치즈소스를 뿌린다. 과일과 샐러드 채소에 올리브유, 소금, 후추를 살짝 뿌려 버무린 후 피시케이크에 곁들인다. 샐러드 위에 발사믹 리덕션을 뿌려준다.

건강하고 고소하게 두유 파스타

일본 여행 중에 처음 맛보았는데 은은하고 고소한 두유소스와 투박하지만 웰빙 느낌이 나는 통밀 파스타가 잘 어울려서 맛있게 먹었던 기억이 나요. 크림 파스타 못지않게 진하고 고소한 맛에 칼로리는 1/2로 확 줄인 두유 파스타를 만들어보세요.

417kcal
1인분

Delicious Diet Recipe

칼로리 걱정 없이 우아하게 즐기자, 지중해 스타일  _189

 Ready(1인분)

명란 25g, 두유 3/4컵, 마늘 1/2쪽, 브로콜리 20g, 통밀 스파게티 70g, 버터 1큰술, 소금, 후추, 채 썬 김

명란은 껍질을 벗기고, 마늘은 잘게 다진다. 두유는 달지 않은 것으로 준비한다.

 Cooking

1 브로콜리는 끓는 물에 소금을 조금 넣은 후 녹색이 선명해지게 잠시 데친다. 찬물에 헹궈 재빨리 식힌다.
2 끓는 물에 간간하게 소금 간을 한 후 스파게티를 넣어 알덴테(al dente) 상태로 삶는다.
  파스타를 잘라보아서 안에 하얀 심이 점처럼 보일 때가 알덴테이다. 씹어보았을 때 약간 씹히는 정도. 파스타 겉봉에 제시된 시간을 참고한다.
3 팬에 버터를 녹인 후 다진 마늘을 넣어 향이 나게 볶는다.
  마늘은 타기 쉬우니 약불에서 고소하고 맛있는 향이 날 때까지 볶아준다. 태우면 쓴맛이 나서 요리를 망칠 수도 있다.
4 익힌 면을 넣어 볶다가 명란을 넣어 잠시 볶으면서 섞는다.
  알덴테 상태로 익힌 면을 건져서 바로 팬에 넣어 볶는다. 국수 삶을 때처럼 찬물에 헹구지 말 것.
5 두유를 부어 한소끔 끓인 후 브로콜리를 넣어 섞는다. 소금, 후추로 간한다.
  너무 걸쭉하다 싶을 때는 두유나 파스타 삶은 물을 약간 첨가하여 농도를 맞춘다.
6 접시에 담고 채 썬 김을 올린다.

427kcal
1인분

담백한 토마토 해물 스파게티

해물과 토마토를 듬뿍 넣어 푸짐하고 맛도 좋은 웰빙 파스타예요. 해물의 감칠맛과 토마토의 달콤함이 잘 어우러져 깔끔하고 담백한 맛을 낸답니다. 홍합이나 관자 등 다른 좋아하는 해물을 넣어서 맛의 변화를 줘보세요.

Delicious Diet Recipe

칼로리 걱정 없이 우아하게 즐기자, 지중해 스타일 _191

Ready (2인분)

백합조개 12개, 갑오징어 1마리, 새우(중하) 4마리, 양파 1/4개, 마늘 2쪽, 페페론치노 1~2개, 화이트와인 3큰술, 토마토 2개, 방울토마토 8개, 올리브유 1큰술, 소금, 후추, 스파게티 140g, 파슬리·바질 등 프레시 허브 약간

조개는 연한 소금물에 담가 냉장고에 하룻밤 넣어두어 해감을 뺀다. 갑오징어는 내장을 제거하고 껍질을 벗겨 칼집을 넣은 후 1cm 너비로 썬다. 새우는 몸통의 껍질과 내장을 제거한다. 양파와 마늘은 잘게 다진다.

Cooking

1 팬에 올리브유 1작은술을 두르고 다진 양파 1큰술, 다진 마늘 1작은술을 넣어 볶다가 백합조개를 넣고 볶듯이 섞은 후 와인 2큰술을 붓고 뚜껑을 덮어 1~2분 정도 조개가 입을 벌릴 때까지 익힌다. 면보를 깔고 체에 걸러 깨끗한 육수를 받고, 조개는 장식할 것만 몇 개 남기고 살을 발라낸다.
2 토마토는 껍질을 벗기고 씨를 제거한 후 살만 잘게 다진다. 방울토마토는 크기에 따라 2~4등분한다.
3 팬에 올리브유 2작은술을 두르고 다진 양파, 다진 마늘, 으깨 부순 페페론치노를 넣어 약불에서 볶아 맛있는 향이 나면 새우, 오징어를 넣어 볶다가 와인 1큰술을 넣어 향을 날린다.
   페페론치노(peperoncino)는 이탈리아의 매운 고추다. 1cm 정도로 작은 사이즈의 말린 고추인데, 1~2개만 넣어도 충분히 매콤한 맛을 낸다. 없을 땐 말린 청양고추나 태국고추를 잘라서 넣어준다.
4 토마토 다진 것과 방울토마토를 넣어 잠시 볶다가 조개 육수를 부어 끓인다.
5 오징어와 새우가 거의 다 익었을 때 조개를 넣어 섞어준다.
6 알덴테 상태로 삶은 스파게티를 넣어 소스 맛이 배어들게 섞어준다. 소금, 후추로 간하고 잘게 썬 파슬리나 바질을 뿌려 마무리한다.

313kcal
1인분

샐러드 느낌의 여름 파스타

참외, 멜론 등 향이 좋은 과일과 토마토를 넣어 만든 신선한 샐러드 느낌이 나는 파스타예요. 시원하고 가볍게 즐길 수 있어 여름철에 잘 어울려요. 치즈, 구운 견과류 등을 곁들여 영양과 맛을 더해 보세요.

Delicious Diet Recipe

칼로리 걱정 없이 우아하게 즐기자, 지중해 스타일 _193

 Ready(1인분)

푸실리(파스타) 70g, 방울토마토 150g, 참외(또는 멜론) 1/2개

소스
올리브유 1작은술, 레드와인식초 1작은술, 청·홍고추 1/3개씩, 마늘 1/2쪽, 레몬즙 1/6개, 바질, 소금, 후추

방울토마토는 깨끗이 씻고, 참외는 껍질과 씨를 제거한다. 청·홍고추는 씨를 제거한 후 잘게 다지고, 마늘은 곱게 으깨거나 강판에 간다.

 Cooking

1 방울토마토는 반으로 자르고, 소금을 살짝 뿌려 밑간을 한다. 다른 재료가 준비되는 동안 간이 배게 그대로 둔다. 참외는 얄팍하게 썬다.
2 소스 재료를 볼에 담아 잘 섞는다.
3 푸실리는 끓는 물에 소금을 넣어 알덴테 상태로 익힌다.
4 볼에 푸실리, 토마토, 참외, 소스, 채 썬 바질을 넣어 고루 섞는다.
5 참외나 멜론 외에 향이 좋은 복숭아, 상큼한 키위도 잘 어울린다. 파스타를 그릇에 담고 치즈나 바질을 뿌려 장식한다.

 Lime's Tip

알덴테(al dente)
스파게티 면을 삶았을 때 안쪽에서 단단함이 살짝 느껴질 정도로 약간 쫀득한 느낌이 있는 상태를 말한다.

335kcal
1인분

산뜻한 봄을 닮은 조개관자 파스타

고추와 굴소스로 동양적인 맛을 살려 우리 입맛에 잘 맞는 파스타예요. 싱싱한 해물과 채소가 잘 어우러진 담백함이 건강한 느낌을 주죠. 은근히 느껴지는 매콤함과 해물의 감칠맛을 살리는 게 포인트예요.

Delicious Diet Recipe

칼로리 걱정 없이 우아하게 즐기자, 지중해 스타일 _195

 Ready(1인분)

관자 1개, 조개 5개, 양송이버섯 1개, 아스파라거스 2개, 팽이버섯 1/2봉지, 블랙 올리브 3개, 마늘 1쪽, 페페론치노 2개, 청양고추 1개, 홍고추 1/2개, 올리브유 1/2큰술, 닭 육수 ㅣ만드는 방법은 38페이지ㅣ 1컵, 굴소스 1작은술, 소금, 후추, 파슬리나 바질 등 허브, 통밀 스파게티 70g

조개는 옅은 소금물에 담가 해감을 뺀 후 바락바락 주물러 껍질에 묻은 이물질을 깨끗하게 씻어낸다. 관자는 힘줄과 얇은 막을 제거한 후 3등분한다. 양송이버섯과 블랙 올리브는 모양을 살려 썰고, 팽이버섯은 밑동을 잘라낸다. 아스파라거스는 감자칼로 다듬은 후 5cm 길이로 썬다. 마늘은 편 썰고, 고추는 씨를 털어내고 4cm 길이로 채 썬다.

 Cooking

1 팬에 올리브유를 두르고 마늘과 잘게 부순 페페론치노를 넣어 향이 나게 볶는다.
　페페론치노(peperoncino)는 이탈리아의 매운 고추. 1cm 정도로 작은 사이즈의 말린 고추인데, 1~2개만 넣어도 충분히 매콤한 맛을 낸다. 없을 땐 말린 청양고추나 태국고추를 잘라서 넣어준다.
2 조개와 육수 1/4컵을 넣고 조개가 입을 벌릴 때까지 뚜껑을 덮어 익힌다.
3 양송이버섯, 아스파라거스, 고추를 넣어 섞어가며 잠시 익힌다.
4 관자와 알덴테 상태로 삶은 스파게티를 넣고, 나머지 육수를 부어준 후 육수가 배어들게 섞어가며 잠시 조린다.
　스파게티는 이미 다 익었고, 관자나 조개는 오래 익히면 질겨지니 잠시 동안만 조린다.
5 블랙 올리브, 팽이버섯을 넣어 섞는다.
6 굴소스, 소금, 후추로 간하고 채 썬 바질이나 파슬리를 뿌려서 마무리한다.

그릇까지 먹는 파프리카 밥구이

피부미용과 다이어트에 효과가 좋은 파프리카에 참치볶음밥을 담은 파프리카 밥구이를 만들었어요. 모양도 예쁘고 맛도 좋을 뿐 아니라 파프리카째 먹을 수 있어서 나들이 갈 때나 점심 도시락으로도 좋아요.

Ready (3인분)

파프리카 3개, 마늘 1쪽, 양파 1/4개, 대파 1/3대, 표고버섯 2개, 애호박 2큰술, 참치 100g(1캔), 올리브유 1/2큰술, 모차렐라치즈 2큰술, 소금, 후추, 밥 1공기

마늘, 양파, 표고버섯, 애호박은 잘게 다지고 대파는 송송 썬다. 캔 참치는 기름을 제거한다.

Cooking

1 파프리카는 꼭지 부분을 뚜껑 모양으로 자르고 속씨를 깨끗이 제거한다.
2 프라이팬에 올리브유를 두르고 마늘, 양파, 표고버섯, 애호박을 넣어 볶는다.
3 참치, 대파, 밥을 넣어 볶고 소금, 후추로 간한다.
4 속을 파낸 파프리카에 볶음밥을 채워 담고 모차렐라치즈를 뿌린다.
5 170~180도 오븐에서 25~30분간 파프리카가 잘 익도록 굽는다. 윗면의 색이 진해지기 시작하면 타지 않도록 알루미늄포일을 살짝 덮어 구워준다.

Lime's Tip

파프리카는 과일에 드문 비타민 A가 풍부하고, 비타민 C는 레몬의 2배 이상 많다. 특히 비타민 A는 열에 강하고 기름에 잘 녹아 볶음요리와도 궁합이 잘 맞는다.
빨간색 파프리카는 발암억제, 관상동맥증 예방, 성장촉진 등에 좋으며, 주황색 파프리카는 감기예방, 피부미용에 좋다. 노란색 파프리카는 스트레스 해소, 생체리듬 유지, 눈 건강에 좋으며, 초록색 파프리카는 풍부한 유기질, 철분함유, 빈혈예방, 저열량으로 비만억제에 좋다.

빛깔 고운 쌀요리 단호박리조또

리조또는 이탈리아의 쌀요리예요. 전체적으로 죽처럼 부드럽고 촉촉하면서도 쌀 자체는 쫀득쫀득 씹히는 감이 있게 익혀야 해요. 쌀을 주식으로 하는 우리 입맛에 잘 맞고 몸에 좋은 해산물, 채소 등이 들어간 건강식이랍니다.

302kcal 1인분

칼로리 걱정 없이 우아하게 즐기자, 지중해 스타일 _199

 Ready(4인분)

단호박 1/2개, 새우 100g, 쌀 1컵, 완두콩 2큰술, 마늘 1쪽, 양파 2큰술, 샤프란 1/2작은술, 올리브유 1/2큰술, 버터 1/2큰술, 화이트와인 1/2컵, 닭 육수│만드는 방법은 38페이지│ 3컵, 소금·후추·파마산치즈 약간씩

단호박은 껍질을 벗긴 후 0.5cm 크기의 주사위 모양으로 썰고 마늘, 양파는 잘게 다진다. 새우는 껍질과 내장을 제거하여 살만 준비하고 완두콩은 씻은 후 물기를 제거한다. 닭 육수는 냄비에 담아 따뜻하게 데워둔다.

 Cooking

1 쌀은 체에 밭쳐 흐르는 물에 씻은 후 물기가 빠지도록 그대로 밭쳐 둔다.
밥을 할 때처럼 물에 담가 쌀을 불리면 리조또의 씹히는 감을 살릴 수 없고 죽처럼 퍼질 수 있으니 체에 밭쳐 씻는다.

2 냄비에 올리브유와 버터를 녹인 후 다진 마늘, 다진 양파를 넣어 볶는다.

3 쌀을 넣어 끈기가 생기고 투명해지게 볶는다.

4 단호박을 넣어 볶다가 새우, 샤프란을 넣어 샤프란 색이 물들도록 볶는다.
샤프란 가루는 그냥 넣어도 색이 잘 우러난다. 실고추처럼 가닥으로 된 샤프란은 육수에 넣어 색과 향을 우린 후 사용한다.

5 화이트와인을 넣어 향을 내며 조린 후 닭 육수를 한 국자씩 부어주면서 주걱으로 저어가며 쌀을 익힌다. 육수가 졸아들면 한 국자씩 추가하면서 익히는 과정을 15분 정도 반복하여 쌀이 약간 씹히는 감이 남아 있게 익힌다(알덴테 상태).
닭 육수는 냄비에 담아 따뜻하게 덴 상태로 넣어줘야 육수를 첨가했을 때 온도가 떨어지지 않아서 맛있는 리조또를 만들 수 있다. 파스타처럼 가운데에 심이 있어 약간 씹히는 감이 있어야 맛있지만 입맛에 맞게 익히는 정도를 조절해도 된다.

6 완두콩을 넣어 2~3분 정도 익힌 후 소금, 후추로 간하고 파마산치즈를 갈아 넣고 섞어서 마무리한다.

 Lime's Tip

샤프란(Saffron)

샤프란 꽃의 암술에서 채취한 것으로, 1g을 얻으려면 암술 500개를 말려야 할 만큼 귀한 향신료다. 그래서 향신료 중에서 가장 비싸다. 적은 양으로도 노란 빛깔과 향이 잘 우러난다. 특유의 향이 처음에는 낯설어도 자주 찾게 되는 묘한 매력을 가진 향신료로, 백화점 외국 식자재 향신료 코너에서 구입할 수 있다. 없을 때는 커리가루나 치자 우린 물을 조금 넣어 색을 내기도 하는데, 물론 향과 맛은 다르다.

228kcal
1인분

돌돌 말아먹는 샐러드 피자

피자가 생각날 때 자주 만들어 먹는 피자예요. 집에 있는 과일, 채소, 치즈로 간단하게 샐러드를 만들고 토마토소스를 발라 얇게 구운 피자 위에 얹어 돌돌 말아 먹는 거죠. 가벼운 샐러드와 피자가 만나 든든한 한 끼 식사가 되고 샐러드에 따라 맛도 달라져 다양하게 즐길 수 있답니다.

Delicious Diet Recipe

Ready (2인분)

피자 도우 | 만드는 방법은 57페이지 | 150g, 토마토소스 | 만드는 방법은 51페이지 | 1+1/2큰술, 피자치즈 2큰술, 방울토마토 3개, 프레시 모차렐라치즈 20g, 어린잎 채소 50g

샐러드 드레싱
올리브유 1/2큰술, 발사믹 리덕션 | 만드는 방법은 53페이지 | 1작은술, 소금, 후추

피자 도우는 미리 반죽해둔다. 프레시 모차렐라치즈는 물기를 제거하고 먹기 좋은 크기로 썰거나 결대로 찢는다. 어린잎 채소는 깨끗이 씻은 후 물기를 제거한다.

Cooking

1 피자 도우 재료를 볼에 담고 충분히 치대어 반죽이 매끄러운 상태가 되면 30도 정도의 실온에서 두 배로 부풀 때까지 발효시킨다.
   피자 반죽 150g을 만들려면 강력분 100g, 인스턴트 이스트 1g, 설탕 1g, 소금 1g, 물 65g, 올리브유 1작은술을 넣어 반죽한다. 피자 도우 만들기가 번거로울 땐 토르티야(tortilla)를 구입해서 쓴다.

2 피자 도우에 덧가루를 뿌리고 밀대로 얇게 밀어 피자팬 위에 올려 담는다.
   피자팬 위에 밀가루를 솔솔 뿌리거나 버터를 얇게 바른 후 반죽을 올려야 구워지면서 팬에 눌어붙지 않는다. 유산지를 깐 후 그 위에 반죽을 올려 구워도 된다.

3 토마토소스를 얇게 펴 바르고 피자치즈를 뿌린 후 230~250도로 예열한 오븐에 넣어 윗면이 노릇해지게 8~10분간 굽는다.

4 반으로 가른 방울토마토와 어린잎 채소를 볼에 담고 샐러드 드레싱에 버무린다.
   딸기, 사과, 키위 등의 과일과 견과류를 곁들인 샐러드를 준비해서 다양하게 응용해보자.

5 구운 피자는 말아 먹기 편하게 6등분으로 잘라서 접시에 담고 4의 샐러드와 프레시 모차렐라치즈를 피자 위에 얹어낸다. 피자 한 쪽으로 샐러드를 돌돌 말아서 손에 쥐고 먹는다.

피자 반죽 위에 토마토소스 1+1/2큰술을 바르고 모차렐라치즈 50g을 뿌려 구운 후 루콜라 80g 정도를 올려서 만들어도 별미다. 루콜라는 이탈리아 요리에 많이 사용하는 향신채로, 고소하면서도 톡 쏘는 맛이 있다. 허브 코너에서 구입할 수 있으며, 없을 때는 물냉이나 치커리 등으로 대체해도 좋다.

272kcal / 1인분

이탈리아의 상징 마르게리타 피자

이탈리아 국기를 상징하는 붉은 토마토소스, 하얀 모차렐라치즈, 녹색 바질잎을 토핑으로 올리는 마르게리타 피자는 이탈리아 3대 피자 중 하나예요. 간단한 재료로 만들어 칼로리도 낮고 담백한 맛이지만, 자꾸 생각나는 맛있는 피자죠. 나폴리에서 맛보았던 마르게리타 피자의 달콤하고 쫄깃한 맛을 지금도 잊지 못한답니다.

Delicious Diet Recipe

칼로리 걱정 없이 우아하게 즐기자, 지중해 스타일 _203

 Ready (2인분)

토마토소스 | 만드는 방법은 51페이지 | 2큰술, 프레시 모차렐라치즈 2/3개, 피자치즈 2큰술, 파마산 치즈·바질잎 약간씩, 피자 도우 | 만드는 방법은 57페이지 | 150g

피자 도우는 미리 반죽해둔다. 프레시 모차렐라치즈는 물기를 제거하고 6등분으로 얇게 슬라이스한다. 바질잎은 찬물에 담가둔다.

 Cooking

1 피자 도우 재료를 볼에 담고 충분히 치대어 반죽이 매끄러운 상태가 되면 30도 정도의 실온에서 2배로 부풀 때까지 발효시킨다.

피자 반죽 150g을 만들려면 강력분 100g, 인스턴트 이스트 1g, 설탕 1g, 소금 1g, 물 65g, 올리브유 1작은술을 넣고 반죽한다. 피자 도우 만들기가 번거로울 땐 토르티야(tortilla)를 구입해서 쓴다.

2 피자팬에 밀가루를 솔솔 뿌린다.

밀가루를 뿌리고 반죽을 올려야 구워진 후에 눌어붙지 않는다.

3 덧가루를 뿌리면서 반죽을 3mm 정도로 얇게 밀어 피자팬 안에 담는다.
4 토마토소스를 얇게 펴 바른다.

시판하는 토마토소스를 써도 된다.

5 프레시 모차렐라치즈, 피자치즈나 파마산치즈, 바질을 토핑으로 얹는다.

프레시 모차렐라치즈는 피자치즈보다 100g당 칼로리가 90kcal 정도 낮고 지방 함량도 1/2 정도여서 다이어트에 신경 쓰는 분들에게 좋다. 맛도 훨씬 담백하고 고소하다. 백화점이나 대형마트의 치즈 코너에서 구입할 수 있다.

6 230~250도로 예열한 오븐에 넣어 윗면이 노릇해지게 8~10분간 굽는다.

집에서 사용하는 오븐에 맞게 온도와 구워지는 시간을 조절한다. 높은 온도에서 빠른 시간 내에 구워야 촉촉하면서도 바삭한 피자를 만들 수 있다.

향긋한 망고살사의 은대구구이

담백한 흰살 생선은 노릇하게 구워서 양념장만 끼얹어 먹어도 맛있지만, 산뜻한 향의 과일살사로 달콤한 맛을 더하면 생선을 싫어하는 분들도 정말 맛있게 드실 수 있답니다. 몸에 좋은 단백질이 풍부하고 칼로리는 낮아서 다이어트식으로 아주 좋아요.

231kcal 1인분

Ready (1인분)

은대구나 대구·도미 등 흰살 생선 150g, 소금, 후추, 올리브유 1작은술, 바질, 파슬리 또는 미나리 1줄기

망고살사
망고 1/4개, 방울토마토 5개, 양파 1큰술, 레몬즙 1작은술, 오렌지즙 1큰술, 간장 1/2작은술, 설탕 1/2작은술, 마늘 1/2쪽, 참기름 1/3작은술, 소금, 후추

흰살 생선은 구이용으로 도톰하게 살만 저며놓은 것을 구입한다. 망고, 양파는 잘게 다지고, 마늘은 아주 잘게 다지거나 절구에 넣어 곱게 으깬다.

Cooking

1 방울토마토는 그대로 다져도 되지만 껍질과 씨를 제거하고 살만 다지는 게 깔끔하다. 꼭지 부분에 십자 칼집을 얕게 넣어주고 끓는 물에 잠시 넣었다 꺼내 껍질을 벗긴다.
2 방울토마토의 씨를 제거하고 잘게 다진 후 다져놓은 망고, 양파와 섞는다.
   망고 대신 파인애플, 복숭아, 멜론 등도 잘 어울린다.
3 살사 재료인 레몬즙, 오렌지즙, 간장, 설탕, 으깬 마늘, 참기름, 소금, 후추를 볼에 담아 잘 섞은 후 다진 망고, 토마토, 양파를 넣고 섞어서 망고살사를 완성한다.
4 생선에 소금, 후추를 뿌려 밑간을 한다. 달군 프라이팬에 올리브유를 뿌리고 생선을 넣어 노릇하게 굽는다.
5 접시에 생선을 담은 후 망고살사를 끼얹는다. 다진 바질, 파슬리나 미나리를 뿌려준다.

매콤달콤한 간장소스의 닭 오븐구이

담백한 닭가슴살 요리가 지겨울 때 매콤달콤한 간장소스로 양념한 닭 오븐구이를 만들어보세요. 껍질과 살 사이의 지방질을 제거한 후 오븐에 구워서 기름기 없이 담백하게 즐길 수 있어요. 여기에 상큼한 샐러드를 곁들이면 금상첨화랍니다.

306kcal
1인분

Ready (4인분)

닭 1마리(900g, 밑간: 소금, 후추, 포도씨유 1/2큰술)

소스
생강 1톨, 청양고추 1개, 간장·미림·청주 2큰술씩, 설탕 1+1/2큰술, 고춧가루 1큰술

닭은 먹기 좋게 토막을 내고 껍질과 살 사이에 붙어 있는 기름을 제거한 후 깨끗이 씻어 물기를 닦아준다. 생강과 청양고추는 2~3쪽으로 슬라이스한다.

Cooking

1 닭을 볼에 담고 소금, 후추 약간과 포도씨유를 넣고 버무려 밑간을 한다.
　닭 껍질에 붙은 기름을 제거하면 지방으로 인한 칼로리 섭취가 50% 이상 낮아진다.
2 소스 재료를 냄비에 담아 약간 걸쭉해지게 1분 정도 조린 후 체에 거른다.
3 닭을 오븐팬 위에 담고 200도로 예열한 오븐에 넣어 45~50분 정도 거의 익을 때까지 굽는다.
4 소스를 1~2회 덧발라가며 10분 정도 더 굽는다.
5 닭구이를 2~3조각씩 담고 오렌지, 자몽 등 상큼한 과일이 들어간 샐러드나 과일주스를 곁들인다.

213kcal
1인분

퍽퍽한 닭가슴살도 맛있게 닭가슴살 그라탕

다이어트 중에 즐겨 먹는 닭가슴살은 퍽퍽하고 밍밍해서 먹기 힘들 때가 많아요. 달콤한 맛이 우러나게 볶은 양파와 부드러운 시금치, 몸에 좋은 참마로 만든 고소한 소스를 넣은 닭가슴살 그라탕은 고열량 음식이라는 편견을 깨는 맛있는 건강식이에요.

Delicious Diet Recipe

칼로리 걱정 없이 우아하게 즐기자, 지중해 스타일

 Ready (2인분)

닭가슴살 100g, 양파 1/2개, 마늘 1쪽, 레드와인 2큰술, 시금치 70g, 토마토소스 | 만드는 방법은 51페이지 | 2큰술, 모차렐라치즈 1큰술, 빵가루 1큰술, 아몬드 슬라이스 약간

참마소스
참마 50g, 고구마 35g, 플레인요거트 1큰술, 두유 2큰술, 밀가루 1작은술, 소금, 후추

양파는 채 썰고 마늘은 다진다. 시금치는 손질하여 깨끗이 씻고, 고구마는 쪄서 익힌 후 껍질을 벗긴다. 식빵을 갈아서 빵가루로 준비하는데, 말린 파슬리나 바질을 조금 넣어 허브 빵가루를 만들어도 좋다.

 Cooking

1 마늘, 양파는 오일을 약간 두르고 볶는다. 어느 정도 볶아지면 레드와인을 넣어 향을 살려 조리듯 볶아주고 소금, 후추로 간한다.
2 시금치도 오일을 약간 두르고 볶은 후 소금, 후추로 간한다.
3 닭고기는 먹기 좋은 크기로 썰고 오일을 약간 두른 프라이팬에 구운 후 소금, 후추로 간한다.
4 참마소스 재료를 믹서기에 넣어 곱게 간다.
5 그라탕 그릇에 닭고기를 깐다.
6 시금치, 토마토소스, 양파, 참마소스, 모차렐라치즈를 켜켜이 겹쳐 담는다.
7 2회 정도 반복해서 담은 후 맨 위에 참마소스를 뿌린다.
8 빵가루, 아몬드 슬라이스, 모차렐라치즈를 뿌린 후 200도 오븐에서 15~20분 정도 소스와 치즈가 익을 때까지 굽는다.

309kcal
1인분

집에서 만드는 레스토랑 요리 안심 스테이크

와인과 발사믹식초를 조려 만든 간단한 소스를 곁들여 칼로리를 줄이고 깔끔한 맛을 살린 안심 스테이크예요. 부드럽고 지방이 적은 안심에 간단한 샐러드나 채소요리가 더해지면 영양까지 고려한 근사한 다이어트 메뉴를 만들 수 있어요.

Delicious Diet Recipe

칼로리 걱정 없이 우아하게 즐기자, 지중해 스타일

 Ready (2인분)

쇠고기 안심 240g, 아스파라거스 6개, 파프리카 1/4개, 달걀 2개, 올리브유 1작은술, 레드와인 1/4컵, 소금, 후추, 버터 2작은술, 발사믹식초 2큰술

안심은 동그랗게 모양을 잡아서 실로 묶는다. 아스파라거스는 손질하여 12~15cm 정도의 길이로 자르고 밑부분은 잘게 썰어 따로 모아둔다. 파프리카는 씨를 제거하고 0.5×2cm 크기로 자른다.

 Cooking

1 쇠고기는 소금, 후추를 뿌려 밑간을 하고 올리브유를 발라준 후 레드와인을 부어 다른 재료를 준비하는 동안 재워놓는다.
2 끓는 물에 소금을 약간 넣어 아스파라거스를 부드럽게 데친 후 약간의 오일이나 버터를 두른 팬에 볶아 소금, 후추로 간한다. 잘게 썬 밑둥도 함께 볶는다.
3 달걀을 반숙으로 프라이한다. 소금을 살짝 뿌려 간한다.
4 프라이팬에 버터를 두르고 쇠고기를 넣어 겉면이 노릇해지게 굽는다.
   버터에 구우면 노릇한 색도 예쁘게 나고 고기에 고소한 풍미도 더해진다. 오일을 약간 뿌려 구워도 좋다.
5 고기를 덜어내고 알루미늄 포일을 덮어 따뜻하게 둔다. 고기를 덜어낸 팬에 고기를 재웠던 레드와인을 붓고 발사믹 식초를 부어 잠시 조리듯이 끓인다. 잘게 자른 아스파라거스와 파프리카를 넣어 잠시 조리다가 불을 끈다. 소스에 소금, 후추로 간한다.
6 쇠고기를 묶었던 실을 가위로 자른 후 접시에 담고, 와인소스에 조린 아스파라거스와 파프리카를 고기 위에 얹고 소스를 뿌린다. 볶은 아스파라거스와 달걀을 곁들여 담는다.
   스테이크를 담는 접시는 오븐에 잠시 넣어 따뜻하게 준비해두면 다 먹을 때까지 온도를 유지해주어서 더 맛있게 먹을 수 있다.

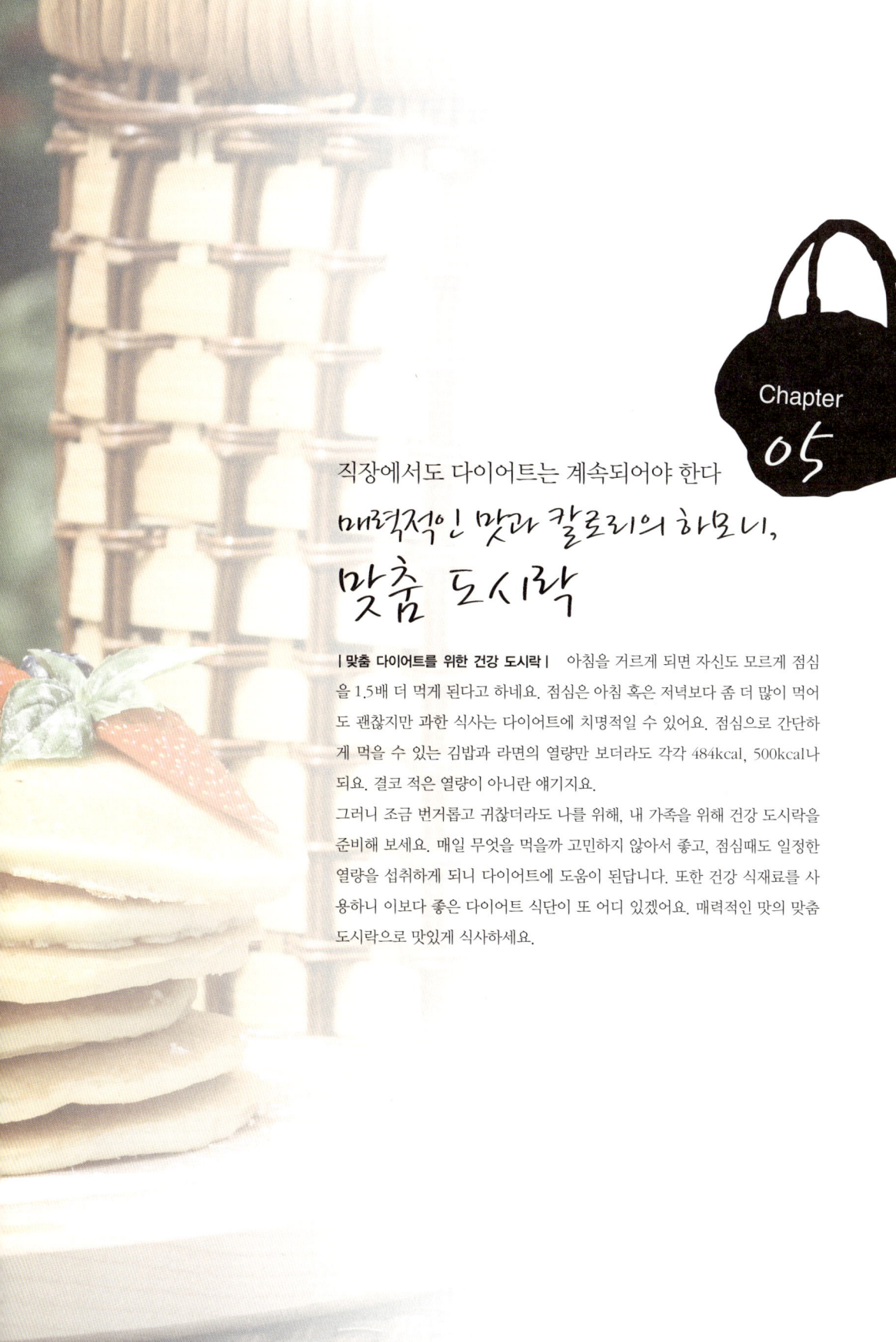

Chapter 05

직장에서도 다이어트는 계속되어야 한다

매력적인 맛과 칼로리의 하모니, 맞춤 도시락

| 맞춤 다이어트를 위한 건강 도시락 | 아침을 거르게 되면 자신도 모르게 점심을 1.5배 더 먹게 된다고 하네요. 점심은 아침 혹은 저녁보다 좀 더 많이 먹어도 괜찮지만 과한 식사는 다이어트에 치명적일 수 있어요. 점심으로 간단하게 먹을 수 있는 김밥과 라면의 열량만 보더라도 각각 484kcal, 500kcal나 되요. 결코 적은 열량이 아니란 얘기지요.

그러니 조금 번거롭고 귀찮더라도 나를 위해, 내 가족을 위해 건강 도시락을 준비해 보세요. 매일 무엇을 먹을까 고민하지 않아서 좋고, 점심때도 일정한 열량을 섭취하게 되니 다이어트에 도움이 된답니다. 또한 건강 식재료를 사용하니 이보다 좋은 다이어트 식단이 또 어디 있겠어요. 매력적인 맛의 맞춤 도시락으로 맛있게 식사하세요.

아삭아삭 양상추가 신선한 매운 캘로라이나롤

바쁠 땐 간단하게 김밥으로 식사를 대신하곤 하는데 김밥 한 줄의 칼로리는 300g당 485kcal, 참치김밥은 570kcal, 소고기김밥은 560kcal 등으로 높은 편이에요. 다이어트에 도움은 안 되지만 가끔 생각나는 음식이죠. 칼로리 높은 속 재료 대신 양상추를 넣어 김밥을 만들어보세요. 칼로리는 2/3 정도로 낮아지고 아삭하게 씹히는 맛이 일품이랍니다.

Delicious Diet Recipe

매력적인 맛과 칼로리의 하모니, 맞춤 도시락 _215

 Ready (1인분)

양상추 2~3장, 단무지 1줄, 날치알 3큰술(양념: 마요네즈 1작은술, 실부추 1/2큰술, 고추기름 1/2작은술), 김밥용 김 1장, 검정깨 1/2작은술, 흰깨 1/2작은술, 고추냉이 조금, 밥 3/4공기 (초밥초: 식초 1작은술, 설탕 1/2작은술, 소금 약간)

양상추는 깨끗이 씻은 후 길이로 찢는다. 날치알은 체에 밭쳐 물기를 완전히 제거한다.

 Cooking

1 날치알은 양념을 넣어 버무린다.
  매운맛이 싫으면 고추기름을 빼고 참기름이나 마요네즈를 그 양만큼 더 넣는다.
2 밥을 따뜻하게 데운 후 초밥초를 넣어 양념한다.
3 김발 위에 김을 얹고 초밥을 고루 편다. 밥 위에 깨를 뿌리고 랩을 씌운 후 뒤집는다.
4 뒤집은 김 위에 고추냉이를 한 줄 얇게 발라준다.
5 양상추, 단무지, 양념한 날치알을 얹어 만다.
  말 때 랩이 말려 들어가지 않도록 주의한다.
6 김발로 싸서 단단하게 말아 모양을 잡은 후 8등분한다.
  랩을 벗기지 말고 김밥을 썬 후 랩을 제거하고 접시에 담는다. 누드김밥이어서 랩을 벗기고 김밥을 썰면 밥알이 떨어지기 쉽다.

294kcal
김밥 1줄

고기보다 맛있는 사찰식 두부김밥

고기 대신 두부조림이 들어간 사찰식 두부김밥이에요. 별다른 기대 없이 만들어봤다가 너무 맛있어서 자주 만들어 먹는 인기 메뉴가 되었어요. 드레싱으로 맛을 낸 새싹 채소를 넣어주면 아삭하게 씹히는 맛이 잘 어울린답니다.

Delicious Diet Recipe

매력적인 맛과 칼로리의 하모니, 맞춤 도시락 _217

 Ready(김밥 2줄)

밥 1공기(밑간: 식초 1큰술, 설탕 1작은술, 소금 1/4작은술, 참기름 1작은술), 두부 1/8모(조림장: 간장 1작은술, 물엿 1/3작은술, 소금·후추 약간씩), 우엉 60g(조림장: 간장 2작은술, 물엿 1작은술, 설탕 1작은술, 깨소금 약간), 당근 50g, 시금치 50g, 김밥용 단무지 2줄, 김 2장, 새싹 채소 40g(드레싱: 연겨자·오일·식초 1/2작은술씩, 소금·후추 약간씩)

두부는 단무지와 비슷한 크기로 썰고, 당근과 우엉은 채 썬다. 시금치와 새싹 채소는 깨끗하게 씻는다.

 Cooking

1 두부는 소금, 후추를 약간 뿌려 노릇하게 굽는다. 간장, 물엿을 넣어 스며들게 조린다.
2 끓는 물에 우엉을 넣어 1~2분 정도 데친 후 건져낸다. 프라이팬에 오일을 조금 넣어 볶다가 간장, 물엿, 설탕을 넣어 조린다. 깨소금을 뿌려준다.
3 시금치는 데친 후 물기를 짜고 소금, 후추, 참기름, 깨소금을 약간 넣어 무친다.
   도시락용으로 쓸 경우에는 데치지 말고 오일을 약간 두른 팬에 볶아 양념하면 상할 염려가 없다.
4 당근은 팬에 오일을 두르고 볶다가 소금, 후추로 간한다.
5 연겨자, 오일, 식초, 소금, 후추를 섞은 후 새싹 채소에 넣어 조물조물 무친다.
6 밥은 따뜻하게 데운 후 식초, 설탕, 소금, 참기름을 넣어 양념이 스며들도록 섞어준다.
7 김 위에 밥을 펼치고 재료를 얹어 만다. 김에 참기름을 약간 발라준 후 먹기 좋은 크기로 잘라 도시락에 담는다.

427kcal
1인분

좋아하는 해물로 만든 충무김밥

다이어트를 하다 보면 자극적인 매운맛이 간절히 생각나죠. 그럴 땐 매콤한 충무김밥 도시락을 준비해보세요. 저칼로리인 해물과 채소를 넣어 만들면 부담 없이 매콤한 맛을 즐길 수 있어요. 매운 음식은 신진대사를 활발하게 해줘서 다이어트에도 효과가 있답니다.

Delicious Diet Recipe

매력적인 맛과 칼로리의 하모니, 맞춤 도시락 _219

 Ready(2인분)

주꾸미·한치·오징어 등 해물 200g, 무 70g, 오이 40g, 양파 30g, 배 50g, 미나리 3줄기, 밥 1+1/2공기, 김 3장

해물무침 양념
고춧가루 2큰술, 액젓 1큰술, 식초 2작은술, 설탕 1작은술, 올리고당 1작은술, 다진 마늘 1/2큰술, 생강즙 1작은술, 참기름 1작은술, 깨소금 1작은술, 소금 약간

밥 양념
식초 1큰술, 설탕 1작은술, 소금 약간, 참기름 1/2큰술

주꾸미, 한치, 오징어 등의 해물은 내장을 제거하고 깨끗이 씻어서 먹기 좋은 크기로 썬다. 무와 배는 1.5×2.5cm 정도의 크기로 나박썰기 한다. 오이는 씨를 도려내고 비슷한 크기로 썰고, 양파도 비슷한 크기로 썬다.

1

Cooking

2

1 무에 소금을 약간 뿌려 30분간 절인다. 무가 거의 다 절여지면 오이를 넣고 섞어 5분 정도 같이 절인 후 물기를 짠다.

3

2 냄비의 물이 끓으면 생강술 1큰술과 해물을 넣어주고 다시 한 번 끓어 오르면 해물을 건져낸다.
  너무 오래 익히면 해물이 질겨지므로 한소끔 끓여 부드럽게 익었을 때 건져낸다.

3 해물무침 양념 재료를 잘 섞는다.

4 해물, 채소에 양념을 넣어 버무린 후 미나리를 잘게 썰어 넣고 가볍게 섞는다.

4

5 따뜻한 밥에 식초, 설탕, 소금, 참기름을 넣어 양념한다.
  밥이 따뜻해야 양념이 잘 배어드니 살짝 데워서 양념한다.

5

6 김을 8등분하고, 양념한 밥을 넣어 만다.

7 김밥과 해물무침을 따로 담아 도시락을 싼다.

6

7

 Lime's Tip

홍합이나 골뱅이 또는 어묵을 약간 첨가해도 맛있다. 좋아하는 해물을 넣어 도시락을 싸 보자.

한입가득 웰빙 모듬쌈밥

쌈장, 쌈용 반찬, 숙쌈을 미리 데쳐 준비해뒀다가 다양한 쌈밥을 만들어 도시락을 싸 보세요. 바쁜 아침시간에 손쉽게 만들 수 있고, 반찬 고민도 덜어주는 똑똑한 웰빙 도시락이에요.

303kcal
1인분

매력적인 맛과 칼로리의 하모니, 맞춤 도시락 _221

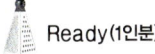 Ready(1인분)

양배추 · 근대잎 · 다시마 3장씩, 장똑똑이 | 만드는 방법은 46페이지 | · 강된장 | 만드는 방법은 138페이지 | · 마늘쌈장 | 만드는 방법은 43페이지 | 1큰술씩, 밥 2/3공기 (참기름 · 깨소금 1/2작은술씩)

 Cooking

1 냄비에 3cm 정도 잠기게 물을 붓고 물 양의 1% 정도의 소금을 넣어 풀어 준다. 양배추를 넣고 뚜껑을 덮어 10분 정도 끓여 부드럽게 익힌 후 꺼내서 식힌다.
   칼로 찔러보았을 때 부드럽게 들어가면 다 익은 것이다. 익힌 양배추를 찬물에 헹구면 단맛이 다 빠져나가므로 꺼내서 그대로 식힌다.

2 근대잎은 끓는 물에 소금을 약간 넣고 1~2분 정도 데쳐서 선명한 녹색을 띠고 전체적으로 부드러워지면 건져낸다. 찬물에 헹궈 식힌 후 물기를 짠다.
   끓는 물에 근대의 단단한 줄기 부분부터 넣어서 부드러워지면 잎 부분을 넣고 마저 데쳐낸다.

3 염장 다시마는 찬물에 소금기를 씻어낸 후 15분 정도 담가 짠기를 빼내고 끓는 물에 잠깐 넣었다 꺼내는 식으로 데친다. 찬물에 헹군 후 물기를 제거한다.

4 따뜻한 밥에 참기름, 깨소금을 넣어 섞은 후 초밥 크기로 뭉친다.

5 근대잎을 깔고 밥을 얹은 후 장똑똑이를 얹어 싼다.
   근대잎은 부드러워 쌈장, 강된장, 약고추장, 병어감정 등 부드러운 재료와 잘 어울린다.

6 양배추를 깔고 밥을 얹은 후 강된장을 얹어 싼다.
   익힌 양배추는 단맛이 돌아 아주 맛있다. 쌈장, 절미된장조치, 병어감정 등과 잘 어울린다.

7 다시마를 깔고 밥을 얹은 후 마늘쌈장을 얹어 싼다.
   혈압과 콜레스테롤을 낮추고 장에도 좋은 저칼로리 식품인 다시마는 멸치볶음, 새우볶음 등 고소한 재료를 넣어 만든 주먹밥으로 쌈밥을 만들면 아주 잘 어울린다.

Lime's Tip

 쌈밥에 어울리는 쌈장과 반찬

약고추장	마늘쌈장	장똑똑이	멸치볶음	새우볶음	강된장	병어감정
42페이지	43페이지	46페이지	48페이지	49페이지	138페이지	152페이지

몸을 깨끗하게 해주는 사찰음식 연근밥

연근은 콜레스테롤과 혈압을 떨어뜨려주고 식이섬유가 풍부해서 장 운동을 도와주는 등 몸에 좋고 다이어트에도 도움이 되는 건강 식재료예요. 연근 속에 찹쌀, 팥, 잣 등을 넣어 밥을 지으면 쫀득쫀득 씹히는 맛이 일품이고 조금만 먹어도 든든해요.

Delicious Diet Recipe

매력적인 맛과 칼로리의 하모니, 맞춤 도시락 _223

 Ready(4인분)

연근 2개, 찹쌀 1/2컵, 팥 1큰술, 잣 1/2큰술, 소금 약간

찹쌀은 씻은 후 물에 담가 3~4시간 정도 불린다. 팥은 부드럽게 씹힐 정도로 삶아 익힌다. 연근은 껍질을 벗긴 후 5cm 길이로 썬다.

Cooking

1 찹쌀, 익힌 팥, 잣, 소금 약간을 넣어 섞는다.
2 연근 구멍에 찹쌀 섞은 것을 채워 넣는다.
3 찜기에 연근을 담고 김이 충분히 오른 찜통에 올려 15~20분 정도 찐다.
4 한 김 식힌 후 1cm 두께로 자른다.

사찰음식에 주로 쓰이는 나물, 두부, 콩 등으로 만든 반찬을 곁들이면 건강한 사찰식 도시락을 만들 수 있다.

연근은 11월에서 1월 사이에 수확한 것이 가장 맛있다. 너무 굵지 않고, 들어보았을 때 무게감이 있는 것이 수확한 지 얼마 안 된 것이며, 전분이 풍부한 것이다. 연근은 껍질을 벗기면 금세 변색이 되므로 조림이나 튀김, 부침개 등을 할 때에는 썰자마자 식초물에 담가 보관한다. 그리고 살짝 데친 후 찬물에 담가 쓴맛을 우려낸 뒤 조리하는 것이 좋다.

421kcal
1인분

반찬이 필요 없는 찌라시스시 도시락

찌라시스시는 초밥을 그릇에 담고 생선이나 해물, 양념한 채소, 달걀 지단 등을 고명처럼 얹은 일본식 초밥이에요. 여러 가지 채소를 넣어 밥을 짓고 생선이나 해물을 모양 내서 담으면 건강까지 챙길 수 있는 똑똑한 다이어트 도시락을 만들 수 있어요.

Delicious Diet Recipe

Ready (2인분)

쌀 1컵, 표고버섯 1개, 연근 30g, 당근 20g, 가쓰오부시 육수 |만드는 방법은 39페이지| 1+1/4컵, 청주 1큰술, 새우(중하) 2마리, 오징어 1/3마리, 오이 1/3개, 깻잎 2장, 달걀 2개(밑간: 육수 1큰술, 미림 1큰술, 설탕 1/2작은술, 간장 1/4작은술, 소금 약간)

단촛물
식초 2작은술, 육수 2작은술, 설탕 1작은술

초밥초
식초 2/3큰술, 설탕 2/3작은술, 소금 1/6작은술

쌀은 씻어서 30분 정도 불린다. 오징어는 껍질과 내장을 제거한 후 깨끗하게 씻고 잔 칼집을 준 후 링 모양을 살려 썬다. 새우는 껍질째 깨끗하게 씻는다. 연근은 껍질을 벗기고 얄팍하게 썬 후 2~3등분한다. 당근은 1~1.5cm 크기의 정사각형으로 얄팍하게 썬다. 표고버섯도 비슷한 크기로 썬다.

Cooking

1 쌀과 표고버섯, 연근, 당근을 냄비에 담고 가쓰오부시 육수, 청주를 부어 밥을 짓는다.
2 새우와 오징어는 끓는 물에 청주 1큰술을 넣고 데친다. 새우는 살만 발라내어 먹기 좋은 크기로 썬다. 새우와 오징어는 단촛물에 담가 냉장고에 넣어둔다.
3 오이는 얇게 채 썰어 소금을 약간 뿌려 절인 후 물기를 짠다. 깻잎도 얇게 채 썬다.
4 달걀은 밑간을 하여 잘 풀어준다. 달걀말이를 만든 후 1cm 두께로 썬다.
5 밥에 초밥초를 넣고 잘 섞어 양념하여 도시락에 1/2 정도 채워 담는다.
6 새우, 오징어, 달걀말이, 오이, 깻잎을 예쁘게 올려 담는다.

476kcal
1인분

먹을수록 중독되는 맛 우메보시 주먹밥

우메보시는 일본식 매실절임이에요. 특유의 맛과 향 때문에 처음 먹을 땐 힘든데 김치처럼 한 번 맛들이면 자꾸만 생각나는 음식이죠. 맛도 좋고 먹기에도 편할 뿐 아니라 상할 염려가 없어서 점심 도시락으로 제격이에요.

Delicious Diet Recipe

매력적인 맛과 칼로리의 하모니, 맞춤 도시락 _227

Ready(1인분)

밥 1공기, 달걀 1개, 멸치볶음 |만드는 방법은 48페이지| 2큰술, 우메보시 1개, 차조기잎 1작은술, 깻잎 5장, 김 1장, 깨소금 1작은술, 참기름 1/2큰술, 소금, 후추

깻잎은 깨끗하게 씻어 물기를 제거한다. 김은 바삭하게 굽고, 밥은 따뜻하게 데운다.

Cooking

1 달걀을 풀어서 소금, 후추로 밑간을 하여 오일을 약간 두른 프라이팬에서 스크램블을 만든다.
2 우메보시, 차조기잎, 깻잎은 잘게 다진다. 김은 얇게 채 썬다.
　차조기잎은 우메보시에 물을 들이고 항균 효과를 높이기 위해 넣는다. 구입한 우메보시와 함께 들어 있으면 잘게 다져서 넣어준다.
3 따뜻한 밥에 깨소금, 참기름, 소금, 후추를 넣어 밑간을 한 후 준비한 재료를 넣고 섞는다.
4 주먹밥 크기로 빚어 도시락에 담는다.
　아이스크림 스쿱을 이용해서 한 스쿱씩 떠서 담으면 모양도 예쁘고 만들기도 편하다.

Lime's Tip

우메보시(일본식 매실절임)

우리의 김치처럼 일본인에게 사랑 받는 밑반찬이다. 알칼리성 건강식품으로 소화촉진, 살균작용, 정장작용, 피로회복, 노화방지 등에 효과가 있다. 밥요리, 면요리, 소스 등에 다양하게 쓰인다.

456kcal 1인분

한국식 재료를 넣어 만든 두부김치 월남쌈

물에 살짝 담갔다 건져 부드러워진 라이스페이퍼에 익힌 고기나 해물, 채소, 과일을 듬뿍 넣고 싸서 다양한 소스에 찍어 먹는 월남쌈에 한국식 두부김치를 속 재료로 넣어 응용해봤어요. 월남쌈은 한국식 재료와도 잘 어울려 겨자채나 잡채를 넣고 만들어도 맛있답니다.

Delicious Diet Recipe

매력적인 맛과 칼로리의 하모니, 맞춤 도시락 _229

 Ready (1인분)

두부 1/4모(달걀 1/2개, 밀가루, 소금, 후추), 쇠고기 100g(양념: 간장 1큰술, 설탕 1/2큰술, 다진 파 1큰술, 다진 마늘 1작은술, 청주 1큰술, 참기름 1작은술, 깨소금 1작은술, 후추), 김치 100g(양념: 설탕 1/2작은술, 참기름 1/2작은술, 깨소금 1작은술), 라이스페이퍼 8장, 초고추장 l 만드는 방법은 41페이지 l 약간

김치는 여분의 고춧가루와 속을 털어낸 후 채 썰고, 두부는 물기를 닦는다.

 Cooking

1 쇠고기는 채 썰어 고기 양념으로 버무린 후 프라이팬에 물기 없이 볶는다.
　쇠고기 대신 돼지고기 100g에 고추장 1/2큰술, 고춧가루 1작은술, 간장 1큰술, 설탕 1/2큰술, 청주 1/2큰술, 다진 파 1/2큰술, 다진 마늘 1작은술, 생강즙 1/2작은술, 참기름 1작은술, 후추를 넣어 양념한 후 프라이팬에 물기 없이 볶아서 준비해도 맛있다.
2 두부는 1.5×5cm 크기로 썬다. 소금, 후추로 밑간을 한 후 밀가루를 살살 뿌리고 달걀옷을 입혀 노릇하게 굽는다.
3 김치는 양념하여 아삭거리게 살짝 볶는다.
4 라이스페이퍼를 따뜻한 물에 담가 3~4초간 불렸다가 꺼내 접시에 펼친다. 두부, 고기, 볶은 김치를 일렬로 얹고 초고추장을 1/2작은술 정도 뿌린 후 말아준다.
5 도시락에 담을 때는 라이스페이퍼끼리 붙을 수 있으니 보드라운 채소나 구운 김으로 띠를 둘러주거나 기름을 두른 팬에 겉면을 살짝 구워준 후 담는다.

볼륨 있는 라인을 위해 몸짱 샐러드 도시락

운동하러 다닐 때 트레이너가 추천해준 재료로 자주 만들어 먹던 샐러드 도시락이에요. 닭가슴살, 삶은 달걀, 고구마, 호두, 과일과 채소, 레몬 드레싱은 맛이 잘 어울려 질리지 않아요. 샐러드와 그 외의 재료, 드레싱을 따로 담아 도시락을 싸고 먹기 직전에 섞으면 아삭하고 신선한 샐러드 도시락을 즐길 수 있어요.

376kcal 1인분

매력적인 맛과 칼로리의 하모니, 맞춤 도시락 _231

 Ready(1인분)

닭가슴살 1쪽(또는 닭안심 3쪽), 달걀 1개(또는 삶은 달걀흰자만 2개), 고구마 1/2개, 방울토마토 5개, 오이 1/2개, 호두 2쪽, 어린잎 채소 50g

레몬오일 드레싱
올리브유 1/2큰술, 레몬즙 1/2큰술, 다진 양파 1/2큰술, 다진 마늘 1/3작은술, 소금 1/4작은술, 후추

달걀, 고구마는 각각 삶아서 익힌다. 호두는 마른 팬에 굽는다.

 Cooking

1 닭가슴살은 퍽퍽하지 않도록 고기 망치로 두드리거나 고기결의 반대 방향으로 썬다. 익힌 고구마도 먹기 좋은 크기로 썰어서 오일을 약간 두른 팬에 굽는다. 소금, 후추를 뿌려 밑간을 한다.
  그냥 삶아서 도시락을 싸는 것보다 약간의 오일을 두르고 구워주면 시간이 지나도 맛이 변하거나 상할 염려가 없다. 닭가슴살을 구울 때 허브를 약간 뿌려주면 향이 더해져서 맛있다.
2 삶은 달걀, 토마토, 오이도 먹기 좋은 크기로 슬라이스하고 호두는 굵게 다진다.
3 드레싱 재료를 섞어서 새지 않는 용기에 따로 담는다.
4 고구마, 닭가슴살, 달걀을 따로 담고 호두를 뿌려준다. 먹기 직전에 드레싱 2작은술을 뿌린다.
5 토마토, 오이, 어린잎 채소를 따로 담는다. 먹기 직전에 드레싱을 2작은술 뿌려준 후 4를 넣어 섞는다.

카프리 스타일 프레시 모차렐라 샌드위치

담백한 프레시 모차렐라치즈와 달콤한 토마토, 향긋한 바질 향이 나는 샐러드 느낌의 샌드위치예요. 만들기도 쉽고 물기도 없어서 간단한 도시락으로 좋아요. 프레시 모차렐라치즈를 구하기 힘들 때는 다른 자연 치즈나 구운 두부를 넣어 만들어도 맛있답니다.

매력적인 맛과 칼로리의 하모니, 맞춤 도시락 _233

Ready (1인분)

프레시 모차렐라치즈 1/2개, 토마토 1/2개, 샌드위치 빵(통밀빵 또는 호밀빵) 2장, 치커리 한 줌, 페스토소스 l 만드는 방법은 54페이지 l 1작은술, 발사믹 리덕션 l 만드는 방법은 53페이지 l 1작은술, 소금, 후추

프레시 모차렐라치즈는 물기를 잘 닦아준 후 1cm 두께로 슬라이스하고, 토마토도 1cm 두께로 둥글게 슬라이스한다. 치커리는 깨끗이 씻은 후 물기를 제거한다.

Cooking

1 빵은 반으로 잘라 자른 단면을 프라이팬 또는 그릴에 구워준다.
2 구운 빵에 페스토소스를 살짝 바른다.
  빵에 소스를 바르면 재료의 물기가 흡수되는 것을 막아줘서 빵이 눅눅해지지 않는다.
3 치커리를 빵 위에 깔아주고 발사믹 리덕션과 소금, 후추를 조금씩 뿌려 밑간을 한 다음 그 위에 토마토를 올린다.
4 슬라이스한 프레시 모차렐라치즈를 올린다.
5 치즈 위에 페스토소스와 발사믹 리덕션을 바른 후 빵으로 덮어 샌드위치를 완성한다.

329kcal
1인분

매력적인 매콤함 케이준 쉬림프 새싹 샌드위치

매콤한 케이준 향이 나는 새우와 오리엔탈 간장 드레싱으로 버무린 새싹 채소가 아삭하게 씹히는 맛있는 샌드위치예요. 점심 도시락이나 나들이용 샌드위치로 만들어보세요. 저칼로리 다이어트 음료인 자몽주스 한 잔을 곁들이면 상큼한 맛이 아주 잘 어울린답니다.

Delicious Diet Recipe

_235

 Ready(1인분)

타이거새우 2마리(밑간: 케이준 스파이스·오일·소금·후추 약간씩), 토마토 1/2개, 치즈 1장, 새싹 채소 20g(간장 드레싱·플레인요거트·토마토소스 |만드는 방법은 51페이지 | 1작은술씩), 레터스·치커리 등의 채소 25g, 곡물빵이나 호밀빵 1개

간장 드레싱
간장 1/2큰술, 식초 1/2큰술, 설탕 1작은술, 땅콩버터 1/2작은술, 다진 양파 1+1/2큰술, 참기름 1/2작은술, 소금, 후추

새우는 중하 이상의 큰 새우로, 치즈는 자연 치즈로 준비한다. 토마토는 슬라이스하고 채소는 깨끗하게 씻어 물기를 제거한다. 양파는 잘게 다진다.

 Cooking

1 간장 드레싱 재료를 잘 섞어놓는다.
2 타이거새우는 살만 발라내고 밑간을 해서 잠시 재운 후 달군 팬에 굽는다.
　　케이준 스파이스는 케이준 요리에 쓰이는 매콤한 맛의 향신료인데, 없을 땐 고춧가루와 커리가루, 후추를 조금 뿌려도 비슷한 맛을 낼 수 있다.
3 새싹 채소는 간장 드레싱, 플레인요거트, 토마토소스를 넣어 살짝 버무린다.
　　마요네즈 대신 플레인요거트, 토마토 케첩 대신 토마토소스를 쓰면 몸에도 좋고 칼로리도 줄일 수 있다.
4 빵을 반으로 자르고 자른 면에 간장 드레싱을 1작은술씩 바른다.
　　버터 등의 유지가 안 들어가고, 곡물이 첨가된 유럽식 건강빵이 잘 어울린다.
5 한쪽 빵 위에 레터스와 치커리 등의 채소와 토마토를 올린다.
6 치즈, 새우 순으로 올린다.
7 새싹 채소를 듬뿍 올리고 빵을 덮어 마무리한다.

크랜베리로 상큼함을 더한 닭안심 샌드위치

담백한 닭안심, 상큼한 크랜베리, 고소한 호두, 몸에 좋은 건강빵으로 만든 웰빙 다이어트 샌드위치예요. 마요네즈의 양을 확 줄이고 플레인요거트와 와인식초를 넣은 소스가 맛의 포인트랍니다.

Delicious Diet Recipe

매력적인 맛과 칼로리의 하모니, 맞춤 도시락 _237

Ready (2인분)

식이섬유 식빵 또는 호밀빵 2장, 닭안심 4쪽, 말린 크랜베리 2큰술, 호두 2개, 양상추 25g, 토마토 슬라이스 2쪽, 오이 슬라이스 4쪽

소스
플레인요거트 1+1/2큰술, 마요네즈 1+1/2큰술, 레드와인식초 1큰술, 설탕 1작은술, 소금, 후추

닭은 안심이나 가슴살로 준비한다.

Cooking

1 크랜베리는 미지근한 와인에 잠시 담가 부드럽게 한다.
   건포도 등의 다른 말린 과일로 대체할 수 있다.
2 끓는 물에 청주 1큰술, 레몬즙 1작은술을 떨어뜨린 후 닭고기를 넣어 삶는다.
   닭안심은 얇아서 2~3분 정도면 익는다. 속까지 하얀색이 되면 건져낸다. 너무 오래 익히면 퍽 퍽해져서 맛이 없다.
3 닭고기, 호두는 잘게 다지고 크랜베리는 물기를 꽉 짜서 볼에 담고, 소스 재료를 넣어 버무린다.
4 빵에 버터나 마요네즈를 얇게 바르고 양상추, 토마토 슬라이스, 오이 슬라이스 순으로 깐다.
5 닭고기로 만든 속 재료를 채워 담은 후 빵을 덮어 살짝 눌러준다.
6 대각선으로 두 번 잘라서 4등분한다.

저칼로리 웰빙 두부버거

건강한 단백질 식품인 두부를 달콤한 데리야키소스에 조려 맛을 낸 두부버거예요. 두부를 으깬 후 다진 양파, 버섯 등을 넣고 햄버거 모양으로 구워 버거를 만들어도 맛있어요. 고기 못지않은 맛에 칼로리 부담을 줄일 수 있어 간식이나 다이어트 도시락으로 좋아요.

Delicious Diet Recipe

매력적인 맛과 칼로리의 하모니, 맞춤 도시락 _239

 Ready(1인분)

두부 1/6모, 소금·후추·전분 약간씩, 토마토 1/2개, 양상추 25g, 양파 1큰술, 피클 1큰술, 슬라이스 치즈 1장, 빵(치아바타) 1개

데리야키소스
간장 2작은술, 미림·생강술 | 만드는 방법은 43페이지 | · 설탕 1작은술씩

두부와 토마토는 0.8~1cm 두께로 썬다. 양파는 채 썰고, 양상추는 씻은 후 찬물에 담가 아삭하게 한다. 소스 재료를 섞어둔다.

 Cooking

1 두부는 물기를 잘 닦아낸 후 소금, 후추를 살짝 뿌려 밑간하고 전분을 뿌려 흡수되도록 한다. 오일을 두른 팬에 양면이 노릇해지게 굽는다.
2 데리야키소스를 부어 두부에 간이 배어들게 끼얹어가며 조린다. 시럽 정도의 농도가 되면 불을 끈다.
3 빵을 반으로 가르고 2에서 조린 데리야키소스나 마요네즈를 얇게 펴 바른다.
4 양상추, 토마토를 올려 담고 조린 데리야키소스를 약간 뿌려준다.
5 양파, 피클, 두부, 치즈 순으로 올려 담은 후 빵으로 덮어준다.

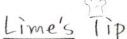

두부는 풍부한 영양소에 칼로리까지 낮아 다이어트에 안성맞춤이다. 두부 1모(200g)는 168kcal 정도로, 식빵 200g이 554kcal인 데 비하면 굉장히 낮은 수치다. 두부는 우유보다 많은 칼슘을 함유하고 있으며, 두뇌발달, 뼈와 근육의 성장, 변비예방, 골다공증 예방, 노화억제 등에 효과적인 식품이다.

Chapter 06

포기할 수 없다면 좀 더 가볍게

달콤한 저칼로리
간식 & 디저트

|간식 & 디저트 열혈 마니아를 위해| 밥보다 디저트를 원한다면, 식후에 즐기는 달콤한 디저트와 간식을 절대 포기할 수 없다면, 좋은 재료로 조금 덜 달게 조금 적게 만들어 맛있게 먹으면 되요. 적당한 양의 간식은 식후의 나른함을 깨워주고 지치기 쉬운 오후에 활력소가 되기도 하죠.

이왕이면 몸에 좋은 견과류나 콩, 고구마, 단호박, 요거트, 식품첨가물을 넣지 않은 재료들로 자연스러운 맛을 최대한 살려보세요. 건강도 챙기고 다이어트에는 크게 영향을 주지 않아 얼마나 좋은지 몰라요. 그러나 어떤 음식이든 정해진 양보다 과하게 섭취하면 살이 찔 수밖에 없다는 사실은 잊지 마시길……. 자, 그럼 지금부터 바삭바삭 고소하고 때론 달콤한 간식 & 디저트를 맛보러 갈까요?

55kcal
1개

건강한간식 모둠 견과강정

하루에 호두, 아몬드, 땅콩 등의 견과류를 적당량 섭취하면 심혈관계 질환을 예방하는 데 도움이 된다고 해요. 또 적은 양으로도 포만감을 주기 때문에 다이어트에도 좋고요. 여러 종류의 견과류를 넣어 강정을 만들어놓으면 매일 잊지 않고 조금씩 챙겨 먹을 수 있답니다.

Delicious Diet Recipe

Ready(24개)

호두·땅콩·잣·아몬드·피스타치오 등 견과류 150g, 흰깨·검은깨·들깨 1큰술씩, 홈메이드 시리얼 | 만드는 방법은 83페이지 | 25g, 황설탕 1큰술, 올리고당 2큰술, 유자청 1/2큰술, 버터 1/2큰술, 물 1/2큰술

견과류는 굵게 썬다. 홈메이드 시리얼 대신 쌀 크로칸트나 달지 않은 시리얼을 준비하거나 생략해도 된다. 대신 견과류 양을 그만큼 더 준비한다.

Cooking

1 흰깨, 검은깨, 들깨를 체에 밭쳐 씻은 후 물기를 제거한다. 마른 팬을 달궈 약불에서 고소한 향이 나게 볶는다.
  이 과정을 거치면 강정 맛이 더욱 고소하고 깔끔하다. 구운 깨를 구입했을 때는 이 과정을 생략해도 된다.
2 견과류를 체에 밭쳐 씻은 후 마른 팬을 달궈 고소한 향이 나게 굽는다.
  이 과정을 생략해도 되지만 전처리 과정을 거치면 강정 맛이 훨씬 깔끔하고 고소하다.
3 달군 팬에 황설탕, 올리고당, 유자청, 버터, 물을 넣어 설탕이 녹도록 데운다.
  휘젓지 말고 프라이팬을 돌려주면서 설탕을 녹인다. 취향에 따라 유자청 대신 커피가루, 코코아가루, 시나몬가루, 파래가루, 캐러멜시럽, 바닐라에센스 등을 넣어 향에 변화를 준다.
4 보글거리기 시작하면 견과류, 깨, 시리얼을 넣어 잘 섞이도록 버무린다.
5 15×15cm 크기의 무스 틀에 오일을 살짝 바른 후 실리콘 페이퍼 위에 올린다. 강정 재료를 틀 안에 쏟아 붓고 윗면이 평평해지도록 눌러준 후 굳힌다.
  오일을 바른 두꺼운 비닐 위에 쏟아 밀대로 밀어 모양을 잡아도 된다.
6 완전히 굳으면 빵칼로 잘라준다.

씹을수록 고소한 콩비지쿠키

두부나 두유를 만들고 남은 콩비지로 만들어 콩의 영양을
그대로 담은 다이어트 쿠키예요. 처음엔 좀 심심한 듯해도
씹을수록 고소함이 느껴져요.

Delicious Diet Recipe

달콤한 저칼로리 간식 & 디저트 _245

 Ready(4cm 원형, 14개)

콩비지 100g, 차가운 버터 15g, 설탕 1큰술, 꿀 1작은술, 박력분 30g, 통밀가루 15g, 볶은 콩가루 15g, 베이킹파우더 1/3작은술, 견과류와 말린 과일 45g, 소금·바닐라에센스 약간씩

박력분, 통밀가루, 볶은 콩가루, 베이킹파우더는 체 치고, 버터는 잘게 깍둑썰기 한다. 견과류는 마른 팬에 살짝 볶은 후 잘게 썬다.

Cooking

1 콩비지를 체에 밭쳐 물기를 뺀 후 마른 팬에서 3분 정도 볶아 물기를 없앤다.
   볶아서 물기를 없앤 콩비지는 60g 정도로 줄어든다. 콩비지의 수분 정도에 따라 밀가루의 양이 달라지므로 맞춰서 조절한다.
2 볼에 버터, 설탕, 소금을 약간 넣어 손가락으로 비벼가며 섞어주다가 콩비지와 꿀, 바닐라에센스를 넣어 섞는다. 또는 푸드 프로세서에 버터, 설탕, 소금, 콩비지, 꿀, 바닐라에센스를 넣고 돌려서 섞어준다.
3 체 친 가루 재료를 넣어 마른 가루가 없고 한 덩어리가 될 정도로만 섞는다. 또는 푸드 프로세서에 체 친 가루를 넣고 돌리다가 한 덩어리가 되면 멈춘다.
   쿠키 반죽은 오래 치대면 딱딱해져 맛이 없으므로 마른 가루가 보이지 않을 정도로 가볍게 섞어준다.
4 견과류와 말린 과일을 넣어 대충 섞어 긴 막대 모양으로 만든 후 14등분한다.
5 유산지를 깐 오븐팬에 일정한 간격을 두고 쿠키 반죽을 담는다.
6 180도 오븐에서 15~18분 정도 굽는다.

31kcal
1개

씹는 소리도 맛있는 견과4 비스킷

달걀흰자를 넣어 만든 과자는 가볍고 바삭바삭해요. 설탕의 양만 적당히 줄이면 칼로리도 확 떨어지고요. 매일 챙겨 먹어야 건강해지는 견과류 네 가지를 넣고 만들어서 이름도 '견과4 비스킷'이에요.

Delicious Diet Recipe

Ready(크기 5cm, 18개)

호두·아몬드·피스타치오·땅콩 15g씩, 건블루베리 10g, 달걀흰자 1개, 황설탕 35g, 박력분 1큰술

레시피 분량의 견과류와 말린 과일을 준비한다. 총 분량 70~80g 정도의 양에 맞춰 개인적으로 좋아하는 다른 종류의 견과류나 과일로 대체할 수 있다.

 Cooking

1 견과류와 건블루베리를 잘게 다지거나 푸드 프로세서에 2, 3회 간격을 두고 갈아 다진다.
  견과류를 비닐에 담아 방망이로 살살 두드려 부숴도 된다.
2 달걀흰자에 설탕을 넣어 50% 정도 휘핑한다.
3 휘핑한 달걀흰자에 견과류와 건블루베리, 박력분을 넣어 섞는다.
4 반죽을 숟가락으로 떠서 실리콘 페이퍼를 깐 오븐 틀 위에 동글납작하게 펴준다.
  반죽이 얇아야 바삭한 비스킷이 만들어지므로 숟가락으로 얇게 펴준다.
5 170~180도 오븐에서 10~12분 정도 노릇해질 때까지 굽는다.
  너무 오래 구우면 오히려 딱딱해지니 오븐의 상태에 따라 시간을 조절한다.
6 뜨거울 때 밀대 위에 올려 살짝 말아 모양을 잡아준다.

187kcal
1인분

간단한 재료로 손쉽게 만드는 달걀빵

다이어트할 때 가장 힘든 건 빵이나 과자 같은 고열량의 군것질을 참는 거죠. 그럴 때 달걀빵을 만들어 먹으면 조금이나마 위안이 된답니다. 채소와 달걀이 주인공인 빵이어서 간식이나 간단한 식사 대용식으로도 좋아요.

_249

 Ready(4인분)

고구마 4큰술, 양파 2큰술, 당근 1큰술, 햄 1큰술, 달걀 4개, 파슬리 가루·소금 약간씩

반죽
밀가루 1/2컵, 베이킹파우더 1/4작은술, 달걀 1/2개, 우유 75㎖, 녹인 버터 1/2큰술, 설탕 1큰술, 바닐라에센스 1/4작은술, 소금 약간

고구마, 양파, 당근, 햄은 잘게 다지고 밀가루와 베이킹파우더는 체에 한 번 내린다.

 Cooking

1 다진 채소는 프라이팬에 볶아 익힌 후 소금, 후추로 밑간을 한다.
2 반죽 재료를 볼에 담고 거품기로 잘 풀어가며 섞는다.
3 볶은 채소를 넣어 섞는다.
4 반죽을 머핀 틀에 1/2 정도 채워 담는다.
　종이 틀을 사용하지 않고 머핀 틀에 바로 부어서 구울 때는 틀에 버터나 오일을 살짝 발라줘야 구워진 후 분리가 잘된다.
5 달걀을 한 개씩 깨뜨려 담고 소금과 파슬리를 조금씩 뿌린다.
6 180도로 예열한 오븐에서 30~35분간 굽는다.
　바로 먹을 거라면 달걀노른자가 반숙이어도 괜찮지만 냉장고에 넣어두고 먹을 때는 완숙으로 구워준다.

크림처럼 부드러운 수플레 치즈케이크

치즈케이크처럼 고소하면서도 칼로리는 낮은 수플레 치즈케이크예요. 크림치즈 대신 열량이 절반 이상 낮은 저지방 코티지치즈나 리코타치즈를 사용했고 생크림 대신 우유와 플레인요거트를 넣어 만들었어요. 입 안에서 부드럽게 녹는 가벼운 질감의 케이크랍니다.

180kcal 1인분

Ready(18cm 원형 틀, 8인분)

코티지치즈 100g, 크림치즈 30g, 우유 1/2컵, 중력분 45g, 전분 5g, 플레인요거트 85g, 달걀 5개, 설탕 70g, 럼주 1/2큰술, 바닐라에센스 약간

재료를 계량하여 준비하고, 중력분과 전분은 체에 한 번 내린다. 달걀은 흰자와 노른자로 분리한다. 케이크 틀의 크기에 맞춰 유산지를 깔아준다.

 Cooking

1 코티지치즈, 크림치즈, 우유를 냄비에 담고 거품기로 저어가며 데운다.
  홈메이드 코티지치즈 | 만드는 방법은 55페이지 | 를 사용하거나 저지방인 리코타치즈, 코티지치즈를 구입하여 쓴다.

2 보글거리기 시작하면 불을 끈다. 체 친 가루를 한 번에 넣어 한 덩어리로 뭉쳐질 때까지 저어준다. 잔열에 의해 익으면서 크림화된다.
  불에 너무 오래 익히면 덩어리지고 기름이 분리되니 주의한다.

3 달걀노른자를 2회로 나눠서 넣어 섞어주고 플레인요거트를 넣어 섞는다. 럼주, 바닐라에센스를 약간 첨가해 향을 더한다.

4 다른 볼에 달걀흰자와 설탕을 넣고 휘핑하여 단단한 머랭을 만든다.
  흰자는 볼을 뒤집어보아 떨어지지 않을 정도로 단단하게 휘핑한다.

5 머랭의 1/3을 3에 넣어 섞은 후 다시 머랭에 넣어 섞는다.
  달걀흰자의 거품이 죽지 않도록 고무주걱으로 아래에서 위로 들어올리듯이 섞어준다.

6 케이크 틀에 반죽을 80% 정도 붓는다. 케이크 틀을 사각 베이킹 팬에 담고 끓는 물을 베이킹 팬 안에 부어 케이크 틀이 절반 정도 잠기게 한다.
  반죽이 담긴 틀을 오븐팬에 담아 끓는 물을 채워 오븐에 굽는 것을 중탕이라고 한다. 중탕으로 케이크를 구우면 간접 열로 굽게 되어 바닥이 타지 않으며 전체적으로 촉촉하고 입 안에서 살살 녹는 부드러운 케이크를 만들 수 있다.

7 170~180도로 예열한 오븐에서 크기에 따라 1시간 내지 1시간 20분 정도 굽는다. 오븐에서 꺼내 완전히 식힌 후 틀에서 빼낸다. 냉장고에 차갑게 보관했다가 먹는다.
  꼬치로 찔러보아 묻어나지 않으면 다 구워진 것이다. 크기가 작은 사이즈의 종이 머핀 틀에 나눠 담아 중탕으로 구우면 25~30분 정도면 익는다.

164kcal
1인분

솜사탕처럼 가벼운 녹차 쉬폰케이크

촉촉하고 부드러운 맛에 만들기도 쉬워서 간식이나 선물용으로 자주 만드는 케이크예요. 버터가 들어가지 않고 비교적 적은 양의 오일과 설탕이 들어가서 칼로리가 낮은 편이죠. 향이 좋은 차나 과일을 곁들이면 기분 좋은 간식이 된답니다.

Delicious Diet Recipe

달콤한 저칼로리 간식 & 디저트 _253

Ready (18cm 쉬폰 틀, 8인분)

달걀노른자 3개, 설탕 45g, 물 60g, 포도씨유 50g, 박력분 85g, 베이킹파우더 1작은술, 녹차가루 1작은술, 물 1큰술, 달걀흰자 5개, 설탕 45g

달걀은 노른자와 흰자를 분리한다. 박력분과 베이킹파우더는 체에 두 번 내린다.

Cooking

1 녹차가루에 물 1큰술을 넣고 잘 풀어둔다.
2 달걀노른자를 볼에 담아 거품기로 가볍게 섞고 설탕을 넣어 하얀 크림색이 되게 휘핑한다.
3 물을 넣어 저어준 후 포도씨유를 천천히 흘려 넣으면서 거품이 죽지 않도록 저어준다. 물에 풀어둔 녹차가루를 넣어 섞는다.
4 체 친 가루 재료를 넣고 잘 섞는다.
5 달걀흰자에 설탕을 넣고 휘핑하여 단단한 머랭을 만든다.
6 머랭을 2~3회 나눠서 4의 노른자 반죽에 넣어 거품이 죽지 않게 고무주걱으로 아래에서 위로 들어올리듯이 섞는다.
7 쉬폰 틀 안쪽에 분무기로 물을 뿌려준 뒤 반죽을 80% 정도 채워 담는다.
8 틀을 살짝 들었다 떨어뜨려 반죽 속의 기포를 빼주고 오븐팬에 담아 160도로 예열한 오븐에서 40분간 구워준다.
9 틀을 엎어 완전히 식힌 후 틀에서 빼낸다.
   쉬폰케이크는 가벼워서 식히는 동안 주저앉을 수 있으니 엎어서 식힌다.
10 우유, 과일을 첨가한 요거트, 10% 설탕을 넣어 휘핑한 생크림 등을 곁들여 먹으면 잘 어울린다.

달콤한 과일소스를 곁들인 연두부

연두부는 주로 샐러드, 가벼운 전채, 소스 등으로 활용하는데 달콤한 과일이나 소스를 곁들이면 맛있는 간식으로도 즐길 수 있어요. 생식용 두부는 단호박, 검은깨, 견과류 등 종류도 다양해서 입맛에 따라 골라 먹을 수 있답니다.

Delicious Diet Recipe

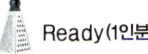 Ready(1인분)

연두부나 생식용 두부 1/4모, 망고·바나나·멜론 등 좋아하는 과일, 어린잎 채소나 허브 약간씩

과일소스
골드키위 또는 그린키위 1개, 플레인요거트 1큰술, 꿀 1작은술, 소금 약간

두부는 부드러운 연두부나 생식용 두부를 준비한다. 망고, 수박, 멜론 등 색이 예쁜 과일 2~3종을 준비해 주사위 모양으로 썬다.

 Cooking

1 두부는 4~5cm 크기의 정육면체로 자른다. 찬물에 잠시 담가 시원하게 만들어도 좋다.
2 과일소스 재료를 믹서기에 곱게 간다.
  달콤하게 잘 익은 키위로 만들어야 시지 않고 맛있다. 망고, 복숭아, 멜론 등 향이 좋고 달콤한 다른 과일로도 만들 수 있다. 과일의 당도에 따라 첨가하는 꿀, 설탕 등의 양을 조절한다.
3 두부를 접시에 담고 과일소스를 끼얹은 후 과일 조각이나 허브를 약간 뿌린다. 과일소스를 뿌린 어린잎 채소를 곁들여 샐러드 느낌으로 만들어도 좋다.

1

2

3

연두부는 두부가 만들어지는 전단계이므로 영양소가 두부에 비해 조금 부족한 편이지만, 지방이 적고 단백질이 풍부하며 칼로리가 두부에 비해 1/2 수준이라 다이어트에 좋은 식품이다.

달콤한 시나몬 향 단호박찜

단호박은 달콤하면서도 칼로리가 낮아서 다이어트 중에 식욕을 달래는 간식으로 좋아요. 그냥 먹어도 맛있지만 약간의 꿀과 시나몬 향은 단호박과 아주 잘 어울려요.

60kcal 1인분

Ready (6인분)

단호박 1통, 꿀 · 시나몬파우더 · 잣 약간씩

단호박은 깨끗하게 씻는다.

Cooking

1 단호박은 전자레인지에서 10분 정도 익힌다.
  단호박의 크기에 따라 익히는 시간을 조절한다. 칼로 찔러보아 부드럽게 들어가면 다 익은 것이다. 찜기나 오븐에서 익혀도 된다.
2 잣은 키친타월로 깨끗이 닦은 후 마른 팬에 살짝 볶는다.
  신선한 잣은 그냥 써도 괜찮지만 냉장고에 보관해뒀던 것이라면 팬에 볶아준다. 그러면 잡내를 없애고 고소한 맛을 살릴 수 있다.
3 잣은 장식할 것을 3~5알 남기고 다지거나 치즈 그레이터로 간다.
  치즈 그레이터는 땅콩이나 잣 등의 견과류를 갈 때도 요긴하게 쓰인다.
4 익힌 단호박은 한 김 식힌 후 크기에 따라 6~8등분하고 씨를 제거한다.
5 단호박을 접시에 담고 꿀 1/2큰술, 잣 다진 것과 시나몬파우더를 조금씩 뿌린다.
  떠 먹는 요구르트, 잣, 메이플시럽을 뿌려 먹어도 맛있다.

88kcal
1인분

아이들 건강 간식 고구마 버터구이

식이섬유가 풍부한 저칼로리 다이어트 식품인 고구마로 만든 영양 간식이에요. 특히 아이들이 참 좋아해요. 은은한 버터 향과 간간이 씹히는 호두가 고소함을 더해준답니다. 맛있는 샐러드를 곁들이면 간단한 다이어트식으로도 즐길 수 있어요.

Delicious Diet Recipe

 Ready(4인분)

고구마 2개, 호두 1개, 버터(또는 크림치즈) 1큰술, 꿀 1/2큰술, 달걀 노른자 1개, 우유 3~4큰술

고구마는 씻은 후 물기를 닦고 반으로 가른다. 호두는 그냥 써도 되지만, 씻은 후 물기를 닦고 마른 팬에 볶아주면 고소한 맛을 살릴 수 있다. 볶은 호두는 잘게 다진다.

 Cooking

1 고구마는 전자레인지나 찜기를 이용해서 익힌다.
   고구마의 크기에 따라 차이가 있겠지만, 중간 사이즈면 전자레인지 용기에 담고 뚜껑을 덮어 5분 정도면 익고, 찜기에서는 25분 정도면 익는다. 크기에 따라 다르니 중간에 칼이나 꼬치로 찔러보아 부드럽게 들어가는지 확인한다.
2 작은 숟가락으로 고구마 속을 파낸다.
3 고구마가 뜨거울 때 버터, 호두, 꿀, 달걀노른자 1/2개를 넣어 잘 섞은 후 우유를 첨가하면서 앙금 정도의 되기로 맞춘다.
   칼로리가 버터의 1/2 정도인 크림치즈를 버터 대신 사용하면 칼로리를 줄일 수 있고 맛도 좋다. 고구마의 수분 상태에 따라 우유의 양을 조절해서 되기를 맞춘다. 고구마와 잘 어울리는 시나몬파우더를 조금 첨가해서 향을 더해줘도 좋다.
4 속을 파낸 고구마 껍질 속에 3의 고구마 반죽을 볼록하게 채워 넣는다.
5 달걀 1/2개를 풀어서 고구마 위에 발라주고 검정깨, 흰깨를 뿌려 모양을 낸다.
6 190~200도 오븐에서 15분 정도 옅은 브라운 색이 되게 굽는다.
   따뜻할 때 메이플시럽을 발라주면 윤기가 나서 더욱 먹음직스러워 보인다.

142kcal
1인분

떡볶이처럼 맛있는 묵말랭이볶이

떡 대신 쫀득하게 씹히는 묵말랭이를 넣어 떡볶이를 만들면 칼로리를 절반으로 줄일 수 있어요. 고기나 해물을 첨가해서 궁중떡볶이처럼 만들어도 맛있고, 당면 대신 넣어 잡채를 만들어도 맛있어요. 묵말랭이를 다양한 요리에 활용하여 칼로리를 줄여보세요.

달콤한 저칼로리 간식 & 디저트 _261

Ready (2인분)

묵말랭이 40g, 어묵 2장, 대파 1대

고추장소스
고추장 1+1/2큰술, 고춧가루 2작은술, 간장 1작은술, 설탕 2작은술, 다진 마늘 1/2작은술, 참기름 1/2작은술, 멸치다시마 육수 | 만드는 방법은 35페이지 | 3/4컵

묵은 물에 10분 정도 담가 불린다. 대파는 4cm 길이로 굵게 채 썬다. 참기름을 제외한 소스 재료를 섞어둔다.

Cooking

1 끓는 물에 묵을 넣고 5분 정도 데쳐 말랑거리게 한다.
   묵은 어떤 종류를 써도 상관없다. 도토리묵은 약간 쓴맛이 나지만 불리고 데치는 과정에서 없어진다.

2 어묵을 끓는 물에 1분 정도 데친 후 한 입 크기로 썬다.
   어묵을 데치면 기름기와 첨가제 등을 어느 정도 제거할 수 있다. 너무 오래 데치면 어묵이 불어버리니 잠시만 데쳐준다.

3 소스 재료를 팬에 담고 잠시 조리다가 묵말랭이를 넣어 소스가 배어들고 걸쭉한 농도가 되도록 3~4분 정도 조린다.

4 소스가 걸쭉해지면 어묵과 대파를 넣어 1~2분 정도 더 조린 다음 참기름을 떨어뜨려 마무리한다.

163kcal
170g(중간 크기 1개)

오븐에 구워 더 맛있는 군고구마

구운 고구마를 먹기 좋게 잘라서 냉장고에 넣어두면 군것질거리가 생각날 때마다 꺼내 먹을 수 있어 다이어트에 도움이 되요. 찐 고구마보다 구운 고구마가 칼로리도 약간 낮고 오래 보관할 수 있을 뿐 아니라 단맛이 더 난답니다. 맛있는 군고구마 만드는 방법을 소개할게요.

Delicious Diet Recipe

달콤한 저칼로리 간식 & 디저트 _263

 Ready

고구마
··
고구마는 껍질째 깨끗이 씻어 준비한다.

 Cooking

1 고구마를 오븐팬에 나란히 담는다.
2 알루미늄포일로 오븐팬 위를 감싸 덮어준다.
3 250도 오븐에서 크기에 따라 40분~1시간 정도 굽는다. 칼로 찔러보아 부드럽게 들어가면 다 구워진 것이다.
   충분히 시간을 들여 구우면 바닥 부분이 조금씩 캐러멜화되어 더욱 달콤하고 맛있는 군고구마를 만들 수 있다. 바로 꺼내지 말고 오븐 안에서 그대로 식히면 수분이 달아나지 않고 껍질 부분이 마르지 않아서 맛있다.
4 오븐을 열지 말고 안에서 그대로 식혔다가 꺼내서 껍질을 벗긴 후 먹기 좋은 크기로 잘라서 밀폐용기에 담아 냉장 보관하면 언제든지 꺼내 먹기 편하다. 냉장고에서 일주일 정도 보관할 수 있다.

 Lime's Tip

 토마토, 바나나, 우유 등을 곁들여 먹으면 간단한 한 끼 식사나 간식으로 좋다.

은은한 커피 향 푸딩카페

입 안에서 사르르 녹는 부드러운 푸딩에 커피 원두와 에스프레소를 넣은 시럽으로 은은한 커피 향을 더해 봤어요. 양이 많지 않고 깔끔해서 손님 상차림의 가벼운 디저트로 좋아요.

153kcal 1인분

Delicious Diet Recipe

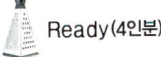 **Ready**(4인분)

달걀 2개, 설탕 3큰술, 우유 1+1/2컵, 커피 원두 30g

커피시럽
에스프레소 4큰술, 설탕 4큰술

달걀을 볼에 담아 잘 풀어준다. 커피시럽 재료인 진하게 내린 에스프레소 대신 물 4큰술에 인스턴트커피 1/2큰술을 타서 사용해도 된다.

 Cooking

1 우유와 커피 원두를 냄비에 담고 끓기 직전까지 데운 후 불을 끈다. 뚜껑을 덮은 채 15~20분 정도 두어 우유에 커피 향이 우러나게 한다.

2 커피시럽 재료인 에스프레소와 설탕을 냄비에 담고 불 위에 올린다. 설탕이 녹고 색이 진해지면서 캐러멜 향이 나기 시작하면 걸쭉한 정도의 시럽이 되게 잠시 더 조리다가 불을 끈다.
   캐러멜 향이 나기 시작하면 금방 시럽 상태가 되므로 타지 않도록 주의 깊게 살펴야 한다.

3 커피 향이 우러난 우유를 체에 걸러 원두를 제거하고 다시 냄비에 담는다. 설탕 3큰술을 넣어 녹이면서 끓기 직전까지 데운다. 풀어둔 달걀에 데운 우유를 천천히 부어주면서 거품기로 섞는다.
   뜨거운 우유를 한꺼번에 부으면 달걀이 익어 덩어리질 수 있으니 천천히 부으면서 거품기로 재빨리 섞어준다. 약간의 덩어리가 생겼다면 체에 한 번 내려 덩어리를 제거한다.

4 커피시럽을 소독한 유리병 바닥에 깔리도록 붓고, 3의 푸딩 액을 부어준다. 오븐용 그릇에 푸딩 용기를 담고 푸딩 용기가 반쯤 잠기도록 뜨거운 물을 부어준다.

5 윗면이 마르지 않도록 푸딩 용기 윗부분을 알루미늄포일로 덮어주고, 140~150도 오븐에서 25분 정도 익힌다. 오븐 문을 열지 말고 15~20분 정도 오븐 안에 그대로 두어 잔열로 뜸을 들인다. 냉장고에 넣어 차갑게 식힌 후 먹는다.

216kcal
1인분

여름철 인기 간식 우유팥빙수

우유 얼음을 곱게 갈고 직접 조린 팥과 찹쌀경단을 얹은 깔끔한 맛의 우유팥빙수예요. 단팥만 맛있게 조려놓으면 시원한 여름 간식을 집에서도 언제든지 즐길 수 있어요. 과일, 시리얼 등을 곁들여도 맛있답니다.

Delicious Diet Recipe

Ready (4인분)

우유 2+1/2컵, 꿀 2큰술, 팥 1/4컵, 물 1+1/4컵, 시럽 1/2컵(황설탕 1+1/2큰술, 흰설탕 2+1/2 큰술, 물 1/4컵), 찹쌀경단(찹쌀가루 2큰술, 설탕 1작은술, 뜨거운 물 1큰술, 소금 약간)

팥은 깨끗이 씻어놓는다. 시럽 재료인 황설탕, 흰설탕, 물을 볼에 담고 설탕이 완전히 녹을 때까지 전자레인지에 넣어 데운다.

 Cooking

1 우유에 꿀을 넣어 잘 섞은 후 얼음 틀에 담아 냉동실에서 얼린다.
2 팥은 애벌로 한 번 데친 후 물을 따라 버리고 다시 팥 양의 5배의 물을 부어 푹 무르도록 삶는다. 부드럽게 삶아지고 물기가 자작해지면 시럽을 부어 걸쭉하게 조린다.
3 조린 팥을 식힌 후 밀폐용기에 담아 냉장고에 차게 보관한다.
  시판하는 팥빙수용 팥을 구입해서 써도 된다.
4 찹쌀경단 재료에 뜨거운 물을 부어 익반죽한 다음 작은 경단 모양으로 빚는다. 끓는 물에 넣어 익히고 떠오르면 건진다.
  익힌 경단을 20% 정도의 설탕물에 담가 식혔다 쓰면 팥빙수에 적당한 단맛을 내고 말랑거려서 좋다. 찰떡 종류를 구입해서 잘게 썰어서 써도 된다.
5 얼린 우유를 빙수기로 갈고, 조린 팥을 얹은 후 찹쌀경단을 올린다.
  과일 조각을 얹고 연유를 약간 뿌려줘도 맛있다.

15kcal 1인분

재료의 맛 그대로 채소칩

바삭바삭한 과자가 생각날 때 채소칩을 만들어보세요. 감자, 고구마, 단호박, 연근, 당근 등의 채소와 단감, 사과 등의 과일로 다양하게 만들 수 있어요. 아무것도 가미하지 않고 재료 그대로 구워도 되고, 오일이나 설탕, 치즈, 깨 등을 뿌려서 만들어도 맛있답니다.

 Ready(4인분)

감자 1/2개, 고구마 1/2개, 연근 1/3개, 당근 1/3개, 단호박 1/8개, 애호박 1/4개, 표고버섯 2개, 사과 1/2개, 단감 1/2개

단단하고 물기가 적은 채소와 과일을 껍질째 씻어서 준비한다.

 Cooking

1 감자, 고구마, 연근 등 전분기가 있는 채소는 1~2mm 두께로 썬 후 옅은 소금물에 담가서 전분기를 빼준다. 그 외 채소와 과일도 1~2mm 두께로 썰어준다.
    감자 등을 옅은 소금물에 담가놓으면 소금 간이 배어서 더 맛있다.
2 채소와 과일의 물기를 닦고 약간의 오일을 뿌려 버무려준 후 일정한 간격을 두고 꼬치에 끼운다.
3 전자레인지에 넣어 6분 정도 돌려주는데 1분 30초 간격으로 쉬었다 돌려준다. 또는 140도 오븐에 넣어 40분 정도 구워준다.
    채소의 두께나 전자레인지의 성능에 따라 익히는 시간이 다르므로 상황에 맞게 조절한다. 6분을 계속 돌리면 과열되어 탈 수도 있기 때문에 1분 30초씩 네 번에 나눠서 돌렸다 건조시켰다를 반복한다.

1

2

3

Delicious Diet Recipe

새콤달콤 발사믹 스트로베리

딸기, 산딸기, 블루베리 등의 베리 종류를 레몬이나 식초, 설탕에 절였다가 차갑게 먹는 디저트예요. 우리나라 화채에 상큼한 레몬 맛이 살짝 더해진 느낌이죠. 새콤달콤해서 식사 후 텁텁한 입맛을 깔끔하게 정리해준답니다.

78kcal 1인분

 Ready (4인분)

딸기(또는 산딸기) 200g, 플레인요거트 2팩

식초시럽
발사믹식초 1큰술, 물 1큰술, 설탕 2큰술

딸기는 깨끗하게 씻은 후 물기를 제거하고 반으로 자른다. 산딸기는 씻은 후 그대로 쓴다.

Cooking

1 발사믹식초, 물, 설탕을 잘 섞는다. 발사믹식초 대신 레몬즙, 흑초, 과일식초 등을 써도 된다.
2 딸기는 밀폐용기에 담고 식초시럽을 부어 냉장고에 1시간 정도 둔다. 중간에 뒤섞어서 골고루 절여지도록 한다.
3 디저트 볼에 딸기를 담고 플레인요거트 2큰술 정도를 끼얹는다. 식초시럽을 뿌리고 민트잎으로 장식한다.

여름엔 볼 바닥에 얼음을 갈아서 1큰술 정도 먼저 담고 그 위에 딸기를 담으면 시원하게 먹을 수 있다. 플레인요거트 대신 바닐라 아이스크림을 곁들여도 잘 어울린다.

향긋한 복숭아 셔벗

입 안에서 퍼지는 은은한 복숭아 향이 기분까지 개운하게 만들어주는 셔벗이에요. 다이어트에 좋은 자몽과 홍차를 넣어 상큼한 맛과 향을 살린 기분 좋은 디저트랍니다.

Ready (4인분)

복숭아 1개, 자몽즙 1/2컵, 홍차 1/3컵, 꿀 1+1/2큰술, 설탕 1큰술

향이 좋고 잘 익은 복숭아를 준비한다. 홍차는 진하게 우린다. 꿀은 향이 부드럽고 색이 맑은 아카시아꿀이나 올리고당을 사용한다.

52kcal 1인분

Cooking

1 자몽의 즙을 짠다.
2 복숭아와 자몽즙을 믹서기에 넣어 곱게 간다.
3 복숭아와 자몽즙에 설탕, 꿀, 홍차를 넣어 섞은 후 밀폐용기에 담아 냉동실에 넣어 얼린다.
4 1~2시간 간격으로 꺼내 포크로 긁어주면 좀 더 부드러운 셔벗이 만들어진다.
5 셔벗을 볼에 담고 민트잎으로 장식한다.

Delicious Diet Recipe

상큼하고 시원한
요거트 아이스크림

요거트 아이스크림은 당분과 지방 함량이 낮아서 특히 여성들이 좋아해요. 셔벗의 시원함과 아이스크림의 부드러움이 동시에 느껴지는 상큼한 맛이어서 식사를 마무리해주는 깔끔한 디저트로, 무더운 여름철 간식으로 아주 좋아요.

126kcal 1인분

Ready (4인분)

플레인요거트 250g, 생크림 50g, 설탕 1큰술, 시럽이나 꿀 1큰술

떠 먹는 걸쭉한 농도의 플레인요거트를 준비한다.

Cooking

1 생크림에 설탕을 넣고 80~90% 정도만 휘핑하여 플레인요거트와 비슷한 농도가 되게 한다.
2 휘핑한 생크림에 플레인요거트와 시럽을 넣어 섞는다.
3 밀폐용기에 담아 냉동실에 얼린다.
4 아이스크림 스쿱으로 떠서 볼에 담고 과일을 곁들여 낸다. 민트잎을 얹어 장식한다.

빼놓을 수 없는 다이어트 음료 14가지

녹차

녹차는 항산화, 항암, 지방축적 억제 등 몸에 이로운 효과가 있어서 차로도 마시고 음식에도 다양하게 활용되죠. 체중 감량을 위해서라면 하루 세 잔 정도의 녹차를 꾸준히 마시는 게 좋아요.

Ready
녹차잎 1작은술(1.5~2g), 물 1/2컵

Cooking
1 주전자에 물을 끓인 후 70도 정도까지 식힌다.
2 다관에 찻잎을 넣고 물을 부어 1~2분 정도 우린 후 따라 마신다. 물의 양을 줄여가며 2~3회 더 우려 마실 수 있다.
3 1인분에 찻잎 1.5~2g, 물 50~150ml 정도가 적당하고, 5인용으로 우릴 때는 찻잎 5~8g, 물 250ml 정도면 된다. 취향에 따라 찻잎의 양, 물의 양, 우리는 시간 등을 조절한다.

우롱차

향이 좋은 우롱차는 지방을 분해하는 성분이 들어 있어 기름진 식사 후에 마시면 입 안이 개운하고 상큼해져요.

Ready
우롱차 5~6g(찻주전자 1/4 정도의 양), 끓인 물

Cooking
1 끓인 물을 찻주전자(120~150ml의 다관)와 찻잔에 부어 데운 후 따라 버린다.
2 우롱차 5~6g 정도(찻주전자 1/4 정도의 양)를 찻주전자 바닥에 깔리게 담고, 95도 정도의 물을 부어 10초 정도 우린 후 첫물을 버린다.
3 다시 물을 부어 40초~1분 정도 우린 후 따라 마신다. 우리는 시간을 15초 정도씩 늘려가면서 5~6회 더 우려내어 마신다.

Delicious Diet Recipe

보이차

 보이차는 발효차로 은은한 향과 맛이 매력적이에요. 혈압과 콜레스테롤을 낮추고 지방분해 효과가 뛰어나 약용차로 불린답니다.

 Ready
보이차 2~3g, 끓인 물

Cooking
1 끓인 물을 찻주전자(120ml의 다관)와 찻잔에 부어 데운 후 따라 버린다.
2 보이차 2~3g 정도(찻주전자 1/4 정도의 양)를 찻주전자 바닥에 깔리게 담고 끓는 물을 부어 10~30초간 우린 후 따라 버리기를 1~2회 정도 한다.
3 다시 끓는 물을 부어 10~30초 정도 우린 후 따라 마신다. 우리는 시간을 조금씩 늘려가면서 5~6회 더 우려서 마신다.

생강홍차

 몸을 따뜻하게 하고 신진대사를 활발하게 하여 지방 연소와 노폐물 배출을 돕는 생강홍차는 냉증이 있는 여성에게 좋은 차예요.

 Ready
홍차잎 1작은술(또는 홍차 티백 1개), 생강즙 1작은술, 끓는 물 3/4컵, 흑설탕이나 꿀 1~2작은술

Cooking
1 티포트와 찻잔에 뜨거운 물을 부어 따뜻하게 데운다.
2 티포트에 홍차잎을 넣고 100℃의 끓는 물을 부어 3분 정도 우린다(티백은 2분).
3 거름망에 부어 티를 거르면서 잔에 따르고 생강즙을 타서 마신다. 단맛을 가미하려면 흑설탕이나 꿀을 조금 넣어준다.

귤껍질차

 귤 껍질은 기 순환을 도와주고 스트레스를 풀어줘서 쉽게 피로하거나 몸이 잘 붓는 분들의 다이어트차로 좋아요.

 Ready
유기농 귤 껍질 5~7g, 물 2+1/2컵

Cooking
1 귤 껍질을 깨끗이 씻은 후 잘게 썰어 그늘에서 바짝 말린다.
2 귤 껍질과 물을 주전자에 담고 끓으면 약불로 줄여 물이 1/3로 줄어들 때까지 15~20분 정도 끓여서 마신다.

율무차

 율무차는 기미, 여드름 등 피부미용에 좋고 이뇨작용이 뛰어나며, 포만감을 주어 다이어트에도 효과적이에요.

 Ready
볶은 율무 8~12g, 물 3컵

Cooking
1 율무는 체에 밭쳐 씻은 후 물기를 빼고 마른 팬에 볶는다.
2 볶은 율무에 물을 붓고 절반 정도로 줄어들 때까지 뭉근히 끓여 마신다.

팥차

 팥은 이뇨작용이 뛰어나서 부기를 빼주고 숙취해소, 피로회복, 다이어트에 좋아요.

 Ready
팥 1/2컵, 물 1리터

Cooking
1 팥을 깨끗하게 씻은 후 물을 부어 끓인다.
2 한소끔 끓으면 약불로 줄여 30분 정도 더 끓이는데, 떠오르는 거품은 걷어낸다. 불을 끄고 15분 정도 그대로 두어 식힌다.
3 팥을 건져내고 물만 병에 담아두고 마신다.
4 식전에 한 컵 정도 마시는데 삶은 팥 1큰술 정도를 함께 먹으면 효과적이다. 냉장고에서 이틀간 보관이 가능하다.

배차

 배차는 과식을 억제하고 간 기능을 원활히 하며, 지방 축적을 줄여줘서 다이어트를 도와줘요.

 Ready
배, 식초

 Cooking
1 배는 껍질을 벗긴 후 심지를 도려내고 0.5~1cm 두께로 썰어 소독한 유리병에 가득 담는다.
2 배가 잠길 정도로 식초를 부어 냉장고에 보관한다.
3 2~3일 후부터 1회 8~12g씩 컵에 담고 따뜻한 물을 부어 10분 정도 우린 후 공복에 마신다.

레몬 디톡스 음료

안젤리나 졸리, 비욘세 등이 시도한 다이어트 비법으로 유명세를 탔던 레몬 디톡스 음료예요. 몸속의 노폐물을 빼줘서 다이어트와 피부미용에 효과가 있다고 하네요. 평소에 음료 대용으로 만들어 시원하게 마시면 좋아요.

Ready
레몬즙 1큰술, 메이플시럽 1큰술, 생수 7/8컵, 카이엔 페퍼·민트 약간씩

Cooking
1 레몬즙에 동량의 시럽을 넣어 섞는다.
2 생수를 넣어 섞어준다. 카이엔 페퍼 약간을 넣어 섞어주고 없으면 생략한다.
3 민트잎을 약간 넣어주면 향이 좋고 청량감을 더해준다.

녹즙

녹색 채소는 비타민, 무기질, 섬유소가 풍부하고 몸속 노폐물과 지방의 배출을 도와줘요.

Ready
케일 3~4장, 신선초 1~2줄기, 돌미나리 5~6줄기, 알로에 3~5cm, 사과 1/2개

Cooking
1 녹즙용 채소는 유기농으로 준비해서 깨끗이 씻어 손질한다. 사과도 껍질째 깨끗이 씻는다.
2 녹즙기에 들어가기 쉬운 크기로 찢거나 썰어준다.
3 녹즙기에 넣고 즙을 받아서 바로 마신다. 공복에 마시거나 식후 2~3시간이 좋다.

달콤한 저칼로리 간식 & 디저트 _277

말차라떼

씁쌀한 녹차가루에 우유를 넣어 거품을 내서 부드럽게 마실 수 있는 음료예요. 시중에서 파는 말차라떼는 유지방이나 시럽 때문에 의외로 칼로리가 높아서 다이어트 음료라고 할 수 없죠. 직접 만들어 마시면 입맛에 맞춰 맛과 칼로리를 조절할 수 있어 좋아요.

 Ready
말차 1~2작은술, 우유 200ml, 꿀이나 시럽 1작은술

 Cooking
1 재료를 잔에 담아 섞은 후 거품기로 거품을 내거나 재료를 믹서기에 넣어 돌린다.
2 말차 1작은술 정도면 당을 첨가하지 않아도 마실 수 있을 만큼 순하다. 맛을 보면서 조금씩 더 첨가하는 것도 좋다.
3 우유를 따뜻하게 또는 차갑게 하여 마실 수 있다. 얼음을 첨가해서 믹서에 갈아 말차 셰이크를 만들면 시원한 여름철 음료로 즐길 수 있다.

자몽주스

자몽은 당질이 낮고 섬유소가 풍부하며 지방 연소에 효과가 있어서 인기 있는 다이어트 식품이에요. 비타민 C도 풍부해서 자몽 한 개의 즙을 내어 마시면 하루에 필요한 비타민 C를 충분히 섭취할 수 있어요.

 Ready
자몽 1개, 탄산수, 시럽, 민트잎 조금

 Cooking
1 자몽은 반으로 갈라 즙을 짠다. 그대로 마셔도 좋고 약간의 시럽이나 꿀을 첨가해도 좋다.
2 자몽즙과 탄산수를 1:1로 섞고 시럽이나 꿀로 당도를 맞추면 자몽 스쿼시가 만들어진다. 얼음을 몇 조각 넣으면 시원한 여름철 음료로 제격이다.

당근사과주스

 비타민, 미네랄, 식이섬유가 풍부해서 피부미용과 다이어트에 효과적인 당근은 단맛이 있어서 주스로 마시기 좋아요. 사과 대신 파프리카, 셀러리 등을 넣어 갈아도 잘 어울려요.

Ready
당근 1/2개, 사과 1/4개, 레몬즙 1작은술, 물 1/2컵

Cooking
1 모든 재료를 믹서기에 넣고 간다. 주서기를 사용할 때는 당근 1개, 사과 1/2개로 즙을 내어 마신다.
2 셀러리를 조금 넣고 함께 갈아주거나 사과 대신 파프리카를 넣어 갈아도 효과적인 다이어트 주스를 만들 수 있다.

토마토주스

 토마토에 수박, 복숭아, 사과 등의 과일을 첨가해서 다양한 토마토주스를 만들어보세요. 든든하고 맛도 좋을 뿐 아니라 건강과 다이어트에도 도움이 된답니다.

Ready
토마토 1개, 복숭아 1/2개, 물 1/4컵, 꿀이나 시럽 적당량

Cooking
1 토마토는 십자로 칼집을 준 후 끓는 물에 넣었다 빼서 껍질을 벗긴다. 복숭아도 껍질을 벗겨 준비한다.
2 토마토, 복숭아를 적당한 크기로 썰어서 믹서기에 넣고, 물을 약간 넣어 간다. 여름에는 얼음 세 조각을 넣어 함께 간다.
3 입맛에 맞게 꿀이나 시럽을 첨가해서 마신다.

Delicious Diet Recipe

Lime's Delicious Diet Recipe

맛있는 다이어트 레시피

초판 1쇄 발행 2010년 4월 5일
초판 4쇄 발행 2010년 10월 12일

지은이   서민정(라임)

펴낸이   이지은
펴낸곳   팜파스

기   획   오혜영
교정교열   정난진
디 자 인   조성미
마 케 팅   정우룡
출   력   다음 프로세스
인   쇄   (주)미광원색사

등록   2002년 12월 30일 제10-2536호
주소   서울시 마포구 서교동 404-26 팜파스빌딩 2층
전화   (02) 335-3681   팩스 (02) 335-3743
홈페이지   www.pampasbook.com | blog.naver.com/pampasbook
이메일   pampas@pampasbook.com

값 13,800원
ISBN 978-89-93195-45-3 13590

ⓒ 2010, 서민정

· 이 책의 일부 내용을 인용하거나 발췌하려면 반드시 저작권자의 동의를 얻어야 합니다.
· 잘못된 책은 바꿔 드립니다.